ホンサムピギョル

未婚じゃなくて、非婚です

すんみ
小山内園子 訳

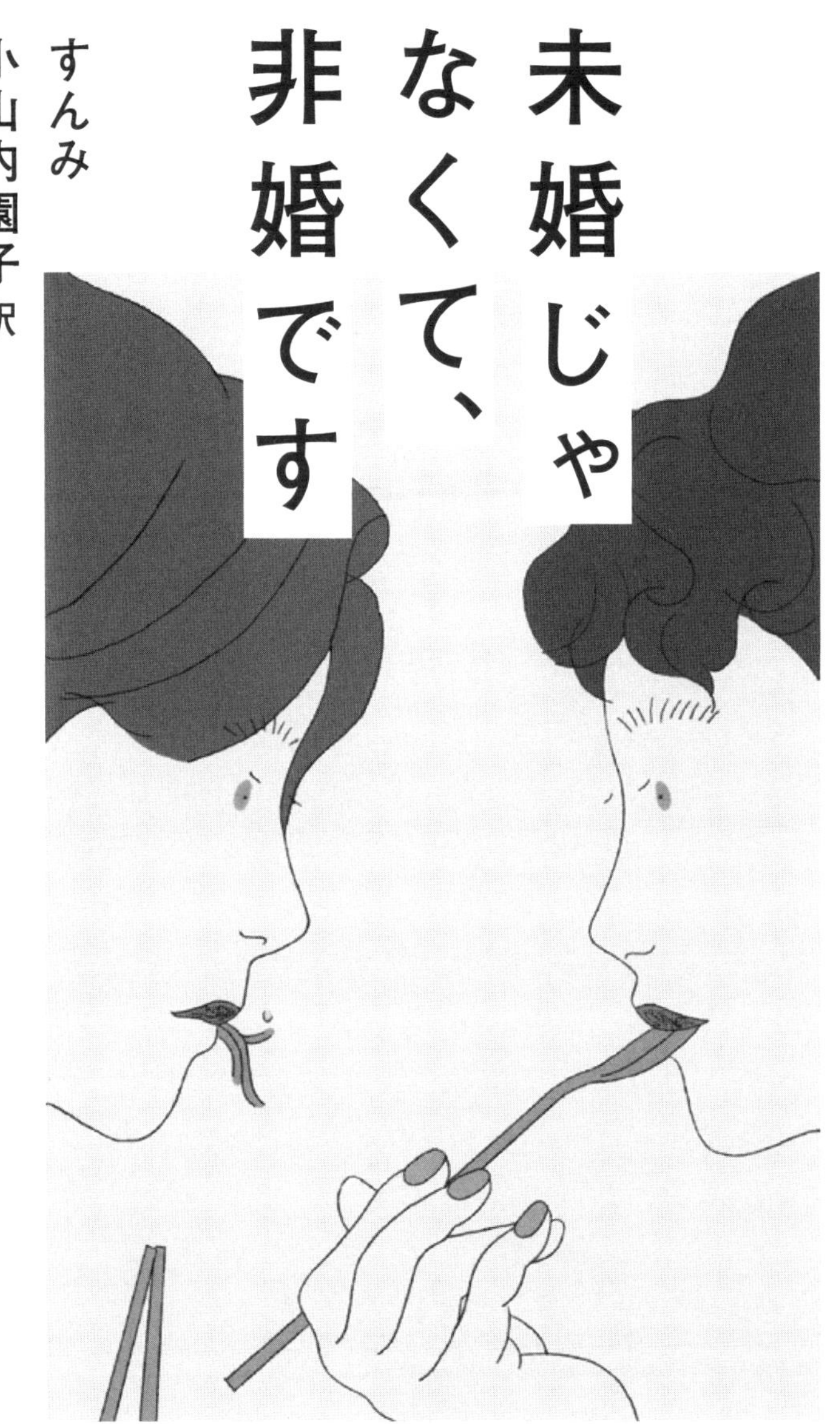

左右社

装画　MIKITAKAKO
装幀　田中久子
本文デザイン　鳴田小夜子（KOGUMA OFFICE）

BEFORE

結婚しないって言ってたあの子、一人で楽しくやってるって

エス

ずっとずっと子どもの頃から、「女の子らしい」振る舞いというものが嫌いだった。「ガニ股を直したほうがいい」と言われれば、わざとガニ股で歩き（だから今でもガニ股のままだ）、「カメラの前でかわいいポーズを見せて」と言われれば、わざと足を広げてガッツポーズをとってみせた。

とはいえ、知らず知らずのうちに自分をむしばんでいた女性嫌悪やガスライティング[1]などに気づけるほどの鋭い直観を持っていたわけではない。いつも不満だったのに、不満の原因でもあった世の中を動かす大きな力が何かには、気づくことができなかった。それどころか、その力が私に求めてくることと、そこそこ折り合いをつけながら生きていた。

マッチョな男性が苦手だったから、私の話にまあまあ耳を傾けてくれる素直な男と付き合ったし、女性が「セクシー」「清純派」「おっとり系」という感じでカテゴライズされるのがイヤだったから、好きでやっているんだと自分に言い聞かせながら「ユニークでビンテージな」ファッションで着飾っていた。子どもの頃から、家でさんざん見てきた男尊女卑の思想と家父長的な男には飽き飽きだったので、いわゆる「クソおっさん（ケジョシ）」とか慶尚道（キョンサンド）[2]出身の男を本能的に毛嫌いするいっぽうで、言うことも振る舞いも家庭的で、相対的に「優しそうな」ソウル出身の男は好きだった。女というだけで求められる行動やモラルは理不尽に思えたし、反抗心も湧いたけれど、と同時にそれに相反する態度を見せる女がいると、後ろ指をさした。

しかし、結婚だけは絶対しないと、小学生の頃から心に決めていた。母と父を始めとした周囲の人がみんな知っているくらいは固い決心だった。真面目に未来を思い描いたことはなかったが、自分の老後を思い浮かべたときに、「自由に生きていたい」というたった一つの考えだけがあって、そのためにはひとり暮らしでなくちゃ、という結論にたどり着いたのだ。

それにもかかわらず、もしフェミニズムを知らなかったなら、今ごろはもうそろそろ結婚していない自分に焦りつつ、通帳の残高を確認して、あれやこれやと電卓を叩いてみていたかもしれない。ひょっとしたら「結婚しないって言った人に限って、真っ先に結婚するんだから」というジンクスを裏づける事例の一つになっていたかもしれない。

---

1 相手の心理を操作し追い込んでいく、精神的虐待の一種。被害者自身に「自分が間違っているのでは」と思い込ませる手法。『ガス燈』という演劇作品に由来している。

2 韓国の南東部に位置する地域。保守色が強いと知られている。

だが運よく、その前に気づくことができた。いくら「運よく」「嫁としての苦労が少ない」家に嫁ぎ、「家庭的な」夫に出会ったとしても、結婚した自分がいる場所は、家父長制の中でしかないという事実に。娘は結婚すれば「嫁ぎ先の人間」となり、婿は「百年の客」と呼ばれ、妻の実家でお客さんのようにもてなしを受けるこの制度の中では、何があっても自分の希望した人生を送ることができなかっただろう。

どんなときでも自分にとって一番大事なのは自分だ。だから男性の眼差しから作られた女性像から抜け出すために、化粧を止め、キャンディの包み紙のようなスカートとオフショルダーを脱ぎ捨て、髪を切った。恋愛するまいと腹をくくり、結婚しないで幸せに暮らすための貯金を始めた。それから改めて、「非婚」という決心をより正確な言葉で定義することにした。私にとって非婚は、結婚をしないことだけを意味しているわけではない。「男性中心の社会に反旗を翻し、既存の結婚制度へ反対する」という意味での非婚宣言だった。

これまでの人生がすべて夢の中の出来事のようだ。今のライフスタイルがあまりにも自然すぎて、昔の自分がどんな感じだったか詳しく思い出せない、と言うべきだろうか。じっくり考え込まないと過去のことがよく思い出せない。友達と冗談で当時の人生を「前世」と言っているのだが、それもそのはずで、非婚宣言後の人生はほぼ180度変わっているのだ。

180度変わるだなんて。「無理して変わった人生を送ろうとしているんじゃないのか」「大変そうだ」と思うかもしれない。「変わろうとしてがんばってる」と言われれば、その通りだ。でも、その前にも私の直観は、何かがおかしいと危険サインを送っていたし、フェミニズムを知ってからそれまで漠然と抱いていた不満の理由と実態に気づくと、変化は自ずとやってきた。

フェミニズムは私の直観を表現するための道具であると同時に武器でもある。私が抱いた感情を言葉で構築しなおし、形にするプロセスの中で、自分への信頼と自信はおまけのようについてきた。私はどんなときよりも自分に集中しているし、充実した人生を自由に送っている。それに、結婚をしないことが一人ぼっちを意味するわけではないということにも気がついた。

私の将来には、「結婚した女」と「結婚しないまま年老いた寂しい女」の代わりに、第三の道が生まれた。手を差し伸べれば握り返してくれる、ひとり身の別の女性たちと一緒に、自由でありながら寂しくない人生を送っていくつもりだ。

「結婚しないと言っていた人が、本当に結婚しないで誰よりも幸せに暮らしている」という言葉を、もっとたくさんの人に聞かせてやりたい。そんな気持ちでこの本を書いた。今でも様々な理由で迷い、結婚と非婚の間で揺れ動いている人たちのために。あなたの人生の舵を今すぐに非婚のほうへ切ってほしい、と言うつもりはない。ただ、結婚しなくても幸せに暮らしている人もいると、少しだけあなたの心が発しているシグナルに耳をすませてみてほしいと、伝えたい。私たちもその声に導かれてここまでやってきたわけで、意外と私たちの直観は、正しいことを教えてくれることが多いのだ。

〈Valenti〉から〈Girls On Top〉まで

エイ

ときどき、自分の人生を代弁しているかのような歌詞に出会うことがある。ふと頭をよぎったいくつもの曲の中で、自分の過去や現在をそっくりそのまま説明してくれる曲にＢｏＡの〈Valenti〉と〈Girls On Top〉がある。〈Valenti〉の韓国語バージョンは「破れたジーンズと繊細すぎる目」をした君と花火みたいな恋に落ちた語り手が、「愛のためには未来までものけ者にできる」[3]と宣言する、10代の少女が歌うにはやや危うい歌詞となっている。

今となっては危うい歌詞だと軽く突っぱねられるけれど、自分にも「タイトな君というフレーム」に喜んで自分をはめこんでいた時代があり、[4]自分の幸せをそこから見つけようとしたときがある。母と妹と私と、女三人で暮らしているという理由でいろいろな経験をしてきた。子どもの頃は、年に一度のペースで引っ越しをした。表向きの理由は家庭の事情だったけれど、本当の原因は、私の小学校の前までやってくる母のストーカー男だった。2013年になってようやく軽犯罪処罰法に「持続的な嫌がらせ」という項目が追加され、ストーカーを罰することができるようになった。が、当時はストーカー被害に遭ったとしても、110番通報など夢のような話だった。心身ともに疲れ果てていた母にとって、引っ越しは最善の手段だったのだろう。

望まない引っ越しをしながら、女三人という理由で呆れるような経験もたくさんした。例えば、家族に成人男性がいるかどうかでコロコロ変わってくる引越センターの作業員の態度。そのせいで苦労したことは一度や二度ではない。冷蔵庫や洗濯機の設置を手抜きされるのは珍しくもなく、食事とか軽食とか飲み物を買ってきてくれと目配せをしてくることもよくあった。タメ口は日常茶飯事で、見くびっているような物言いや表情は、私の神経をよけいに尖らせた。何度かひどい待遇を受けてからは、2回に1回は子どもの頃にしばらく同居していた母方のおじが立ち会うようになった。すると、男性作業員たちは態度を一変させた。それを見て私は、

3　韓国語バージョンの歌詞は「君を見た私の姿／君が見た私の姿／私の未来をのけ者にして／君の両手を握った」から始まる。

4　韓国語バージョンには「タイトな君というフレームにはめこまれた人になっても幸せな私」という歌詞がある。

子どもながらにこの社会の生態系を否応なく理解するようになった。

「大人VS子ども」の世界にいた当時の私は、大人になればみんなが平等に、「人間VS人間」で暮らせると思っていた。なのに、大人にも「女性VS男性」という対立構図があるという事実に、あまりにも早く気づいてしまった。こうしたある種の試練を経るうちに、私は「怖くて外に出せない娘」に育つ。母は不当なことを不当だと言う私に「敏感すぎる」と注意し、私が何かを言おうとするものなら、びくびくしながら「じっとしてて」「何もしなくていい」と割り込んできた。

近所の騒音から逃げるように引っ越した先では、同じ建物に住みながらわが家をとりわけいじめていた大家と日曜日の朝からずいぶん大声で言い争ったことがある。掃除中だった大家が、私たち姉妹がテイクアウト用のコップをポイ捨てしたと言ってきたのだ。若い女の子が二人もいるんだからこの家に決まってる、いつもここに捨てていくのをずっと我慢していた、ようやく捕まえたのだと。若い女の子がいるという理由で証拠もないのに勝手に怒り出し、誤解だとわかってからも謝ろうとすらしない大家の態度に、それまで抑え込んでいた怒りが爆発した。その日のうちに不動産屋に連絡して契約解除を申し入れると、胸のつかえが取れるようだった。

その場に男がいるかいないかで態度を変えてくる引越センターの作業員、若い女の子だからという理由で私たちを見くびっていた大家など、数々の出来事から「結婚して家庭に男がいれば安定して幸せな人生を送ることができる」という信念はさらに強まる。マットレス一つしか入らないワンルームで切り詰めた生活をすることになったとしても、真面目で私だけを見てくれる人であれば、それが誰であっても、できるだけ早く結婚したいと思うまでになった。

いかにも「概念女（ケニョムニョ）」[5]らしく、「気の利いた」考えだったが、それでもいわゆる「結婚適齢期」とされていた25歳を超えてもなお結婚することができなかった。豪邸を望んだわけでも、盛大な結婚式を望んだわけでもなく、安全ではない家から私を救い出してくれる誰かを待ち望んでいただけなのに。結婚はどうしてこんなにも難しいのだろう、とモヤモヤが募るばかり。子どもを産んで幸せな家庭を築きたかった。「結婚が遅くなれば健康な子どもが産めなくなるかもしれない」と焦った。私にとっては素朴な願いだった結婚。そのたった一つの望みを、誰も叶えてくれなかったことに、今ではホッとしている。

結婚という目標へ突っ走っていた自分を引き止めてくれたのは、他でもなく結婚の前でぶちあたった現実だった。早く結婚したいという私の話は、今付き合っている相手と結婚したいと

5 「聞き分けが良く」「わきまえる」ような女性という意味で、「味噌女」「キムチ女」などの蔑称の対義語として使われる。

いう意味にとらえられて、自然と結婚を前提とした付き合いになる。すると、「どうせ結婚するからいいだろ」という言葉で自分の体への権利が、当たり前のように彼氏へと引き渡されるのだ。彼氏と過ごすであろう未来を思い描く際は、子どもの話が必ずついてまわった。「子どもは○人作ろう」という話から、「俺が考えておいた名前があるんだけど、これだけは絶対譲れない」というような話まで聞かされる羽目になる。

一見するとカップルどうしの他愛ない会話のように思えるけれど、配偶者と同じ立場で家庭を築いていきたい、安全な家で暮らしたいと思っていた私とは違って、相手にとって大事なのは、結婚後に手にするであろう「妻」と「子ども」だけだったらしい。いくらあがいても、私にとって結婚は、よその家の「家内」になり、よその家の子どもを産んで、その子によその家の苗字を継がせる険しい道のりでしかない。唯一のゴールだと考えていた結婚は、安全に過ごしたいという自分の欲求を満足させてくれる方法ではなかった。そのことに、幸いにも手遅れになる前に気づくことができた。

どうして結婚は、「完成品の展示会」のように思われるのだろう。結婚を決心する前に知っておくべきだった事実が、皮肉にも、非婚を決心してからようやく目に入ってきた。家事とキャリアをともに手にした働く（ワーキング）ママ、家計簿をつけることで通帳を制覇できた財テクのプロとしての妻、家事なら右に出る者がない専業主婦……。そのすべてはたった一日でなれるものではない。女性たちが受け入れざるをえなかった犠牲や努力はかき消され、聞こえのいいイメージだけが残る。そのことで結婚こそが、自分を手っ取り早くあの人たちのように仕上げてくれると刷り込まされるのだ。そうした「完成品の展示会」に騙されていた私もまた、見事にその陳列台の一角を占めたい、と思っていた。結婚さえすれば自分に不足したすべてが満たされるという希望だけを両手に握りしめて、自分の人生を完成させてくれる魔法のような出来事を待ち望んでいたのだ。

非婚を決めた今では、これまでの人生を振り返りつつ、「結婚してようやく一人前」という大人の話を鵜呑みにしてめちゃくちゃになってしまった人生を立て直し中だ。自分の人生を丸ごと自分でコントロールすることは案外難しい、ということにも気がついた。結婚さえすればしっかりこなせるだろうと思っていた家事も、結婚さえすれば変わるだろうと思っていたお金の使い方も、他の誰かのためではなく自分のために変えていくプロセスは難しいけれど、同時に楽しく、やりがいも感じることができる。

自分の人生を代弁してくれる曲をもう一度考えるなら、迷いなくＢｏＡの〈Girls On Top〉を選びたい。私は今、世の中から強いられている枠組みを取っ払い、すべて自分の意志で決め、責任を取ることができる。本当の意味での自分の人生を送っているのだ。ニセの目標を追いかけながら無駄にしてしまった時間とお金、健康はもう取り戻せない。しかし、「何がなんでも以前のような人生には戻りたくない」と腹をくくるたびに、私の隣で、とてつもない力を送ってくれる数えきれない非婚女性たちがいる。これまでのたくさんの経験、それから出会って別れたすべての人々が今の自分の土台になった。

生涯を結婚主義者として生きてきた私が真逆の方向へと突き進むことは簡単ではなく、ときにはへたりこみたくなるのだけれど、後悔はない。〈Valenti〉時代の自分のような人がもしどこかにいるなら、この世をガラッと変えられる夢を一緒に抱いてみようと言いたい。あれほど毒されていた自分でさえここまで変わったのだから、あなたにもできるはずだと。

CONTENTS

BEFORE

AFTER

デフォルト：結婚

デフォルト：体

デフォルト：声

デフォルト：愛

デフォルト：財テク

デフォルト：キャリア

NOW

AFTER

デフォルト：結婚

結婚は愛の終着駅でも、人生を完成させてくれるものでもない。結婚は個人、とくに女性の人生を根こそぎ揺さぶるビッグイベントだ。私が非婚主義者として生きているのは、自分の生の尊厳のためだ。人生をもっぱら自分のものにしたいからだ。私は自己中で生きていくつもりだ。

ある日、結婚主義者になるところだった

エス

「今どきフェミニストじゃない女性なんていますか？」

YouTubeチャンネル「ホンサムピギョル」[6]の登録者だという女性が、サインを求めながら、なんのためらいもなくこう言い放った。

普段からよく利用しているスタジオで、いつものように撮影を終わらせて帰りの支度をしているときのことだった。機材の片付けでバタバタしていると、見慣れたスタジオのスタッフ一人が紙を手に持って、もじもじしながら近づいてきた。チャンネルを登録していると打ち明けてくれ、サインをして友達の名前を書いてほしいと言うので、うれしくなった。と同時に、非婚女性たちの動画を共有し合える友達がいるのがうらやましくもあった。気になることを聞かずにはいられない性質（たち）なので、「お友達もフェミニストですか？」と尋ねると、たちまちあの

6 チャンネル名のホンサムピギョル（혼삶비결）には、「一人暮らしの秘訣」と「ひとりで歩む人生、どきやがれ、結婚主義者たち！」という二つの意味がかけられている。

ような言葉が返ってきたのだ。

その通り。少なくとも20、30代の女性なら、ほとんどが女性の人権をめぐる現実に共感しているし、性差別にも反対する。毎日のように聞こえてくる女性を狙った犯罪、経済協力開発機構（OECD）の中で男女の賃金格差が最も大きい国という汚名、女性の失業者数が男性の失業者数をずっと上回っているコロナ禍で、韓国の女性は、もはや「性差別」という言葉を珍しいものだと思わない。

しかし、非婚という言葉が持ち出されたとたん、議論の場の雰囲気はがらりと変わってしまう。結婚とフェミニズムの相関関係については、今でも首をかしげる人が多いのだ。恋に落ちて結婚するのは自然な流れで、当人の幸せのための選択なのに、何が問題なんだと。だけど、私はこう言い切れる。数多くの女性差別の問題を解決する鍵は、ズバリ「非婚」なのだと。

女性の未来と幸せのためには結婚という選択が必須、というようなことを口にする人が多い。果たしてそうだろうか？　私はときどき、すべての女性が同じ日、同じ時間に、「結婚なんかしません」と宣言する場面を思い描いてみる。本当にそうできるなら、それより効果的に私たちの願っている世界を手にする方法はないだろう。私たちが目の当たりにするほとんどの差別イシューは、家父長制というメカニズムの中で生まれており、その大きなシステムを動かす核となる歯車は、はっきり言って結婚制度だから。

非婚YouTuberとして、フェミニズムのアクティビストとして過ごしてきたここ数年間。その間、新しく出会った人たちは、非婚やフェミニズムについての様々な質問を投げかけてくる。ときには、自分が「フェミニズムの教科書」にでもなったような感じがする。いっぽうで、相手にする必要さえ感じないけれど、「フェミニストっぽい顔」と攻撃されることもある。産声を上げる代わりに「フェミニズム！」と叫んで生まれてきたとでも思っているのだろうか。あるいはハングルを覚えてすぐに、初めて書いた文字が「非婚」だとでも……。本当にそうだったなら、かれらの期待に応えられただろうに、残念きわまりない。けれど、私と長く付き合ってきた知人たちに聞いてみてほしい。数年前の私と今の私は、振る舞いや見た目からして、同じ人なのかが疑わしいくらいガラッと変わっている、と教えてくれるだろう。

そんな変化が、ある日突として起きたわけではない。神の啓示を受けたかのように、「パーフェクトなフェミニスト」として非婚主義を伝えるために空から落ちてきたわけではないのだ（女性が非婚主義だというと「ブッとんでいる」と思われることが多い）。正直言って、ほんのちょっとのあいだだけれど、結婚をポジティブに考えていた時期もある。そんな私が非婚を決心してYouTubeチャンネルを開設するまでは、あれやこれやの出来事があった。

すでに触れた通り、結婚をポジティブに考えていた時期もあるけれど、それ以外のほとんどの期間は、結婚という言葉をあまり好意的にとらえていなかった。女児に対して男児の割合が最も高いといわれる慶尚北道（キョンサンブクド）で大邱（テグ）生まれ、慶尚道によくある保守的な家の長男と結婚し、その妻として生きている母を見てきたならば、誰もがそう思ったはずだ。わが家は祭祀（チェサ）[7]にとりわけ厳しく、「男女七歳にして席を同じゅうせず」ということわざが現代にも有効なのか、女性は男性と同じちゃぶ台で食事することが許されなかった。しかも男性のほうのちゃぶ台には、形がきれいなチヂミやら果物やらが並べられて、女性のほうには残飯や形の悪いものばかりが並べられた。その上、食べる場所は台所の片隅。一度は、「お母さん、なんで女の人だけお辞儀を4回しなきゃいけないの？」と大きな声で訊いて、あたふたしながら言い訳をする母親は、男性の親戚たちから、冷たい目線を浴びせられたこともある。

　大人の世界だけでなく子どもの世界でも、男の子として生まれただけで特権が与えられているかのように思えたことがある。いとこは、私より年がずっと下なのに、男の子だという理由だけで多くの小遣いを受け取ったし、大人たちが口に運んでくれる食べ物の質も違っていた。「Aくんは、おちんちんがついているから5万ウォン！」という言葉が自然と交わされ、食事のときも部屋のちゃぶ台に並べられている最も形のきれいな食べ物は、どれも男の子たちのものになった。いとこが台所にでも入ろうものなら、「男の子は手に水をつけちゃダメよ」と祖母に引き止められた。いっぽうでその隣にいた私は、「果物の皮を剥くのがそんなに下手でどうするんよ」と咎められた。無邪気な笑顔が作れないと、あとでお嫁にいけなくなるとも。そのようにして親戚が集まる席では、長男の（不本意な）長女である私は、目障りにならないように大人しく過ごさなければならなかった。

学校での私は、ずいぶんと違う子どもだった。『赤毛のアン』のアンように、やりたいことも、知りたいことも、あまりにも多すぎた。将来の夢を書くときには、大臣にも、デザイナーにも、宇宙飛行士にもなりたくてずいぶんと悩んだ。いつも学級委員と成績トップの座を譲らなかったし、将来の夢がコロコロと変わっていた。そんな私に、白馬に乗った王子様など必要なかった。想像の中で白馬に乗っているのは、決まって私だったから。自ずと自分の未来図に結婚が入り込む余地はなくなった。むしろ邪魔でしかなかった。

希望していた大学に主席で合格した。祖母はその話を聞いて「女はソウルまで行って勉強するもんじゃない」「勉強しすぎは無駄だ」と言い、卒業まで何度も自主退学を勧めてきた。私と同じく子どもの頃からやりたいことが多かった母は、美術に才能があったという。しかし、

7　亡くなった先祖を祀る伝統儀式。供物の種類や配列、お辞儀の回数などには、決まった作法がある。例えば、男性はお辞儀を2回、女性は4回するなど。陰陽五行説により、陰陽の調和を取るためとされる。

結婚とともに、自然な流れで仕事を辞め、自分の人生を後回しにしていた。そんな環境で育った私の胸には、誰かに言われたわけではなくある言葉が刻まれた。

「女性の人生に、結婚はちっとも役立たない」

胸に刻まれたその言葉は、一生続くだろうと思った。しかし、大人になって周りを見渡すと、人生で結婚という選択をしない人など誰ひとりいなかった。大学でも、社会に出てからも、恋バナや男性の話をしないと成人女性の会話に入ることは難しい。医療ドラマやアクション映画でも、立派な人との結婚は主人公の幸せを語る上で欠かせない要素だった。入社すると、最初の飲み会で必ずといっていいほど訊かれるのは、「彼氏いるの？」だった。いないと答えると、「誰か紹介してあげるよ」と言われた。

そのようにして1、2回合コンに参加したり、何度か誰かを紹介してもらったりして、何人かの彼氏と付き合った。すると、やがて結婚という言葉が目の前に迫ってきているではないか。「本当にいい人がいれば結婚しても悪くないかも」という考えがじわじわ湧いてきた。その彼氏たちと思い描いた未来が、なかなかいいものだったからではない。結婚という選択をした瞬間、難しく思えていた未来に、ぴかぴかに磨かれた一本道が敷かれるかのような気がしたからだ。変わり者扱いされていたそれまでのつらくて寂しかった道の代わりに、みんなから承認と祝福を受けることができる、簡単で頑丈そうな道が。周りの人にさりげなく彼氏の話をしながら、「平凡な」会話に入れること。それはまるで気持ちいいほろ酔い状態のような、妙な安心感を与えてくれた。

死ぬまで結婚しないと叫んでいた娘が、テレビに出てくる「家庭的な夫像」を見て「あんな人となら結婚してみたい」と言った日。母は満面の笑みを浮かべて喜んだ。子どもの頃の私が結婚しないと言うたびに、「大きくなれば考えも変わるわよ。まだちっちゃいからそんなことが言えるわけ」と言っていた大人たちの言葉のように、本当に変わったのだ。

２０１６年、私が江南（カンナム）駅近くの会社に通っていた頃に、江南駅殺人事件[8]が起きた（私は当時付き合っていた彼氏と一緒に、江南駅10番出口に献花した）。毎日朝晩通っていた道で、計画的に女性を狙った事件が起こり、このことは私にとって生々しい恐怖と衝撃を与えた。

8　２０１６年5月17日、ソウル・江南駅近くのビルにある公衆トイレで、30代男性が面識のない20代女性をナイフで刺殺した事件。男性利用者も出入りしていたトイレで意図的に女性が狙われたことや、犯人の供述などから、ミソジニーによる犯行だと明らかになり、韓国社会に大きな衝撃を与えた。「被害者は自分だったかもしれない」と感じた女性たちが声を上げ始めたことで、韓国フェミニズムの流れが決定的に変わることとなった。

女性嫌悪殺人(フェミサイド)だった。その後にネット上で女性たちの体験談が爆発的に投稿され、私はその流れに乗って、女性の人権について深く考えることになった。深夜遅くまでコミュニティサイトとSNSで盛んに交わされる議論に目を通していると、頭の中が清められ、心の中がすっきりしてくる気がした。これまで気を悪くしたり、どこかモヤモヤしたりしながらも説明できなかったことが、一気に説明できるようになった。

大人になってからずっと自分にまとわりついていた、なにか芝居をしているかのような気分も、自己主張が激しいという理由で彼氏とケンカしなければならなかったことも、毎年目にした正月(ソルラル)や秋夕(チュソク)のような節句[9]のときのわが家の風景に居心地の悪さを感じたことも、すべて女だから経験しなければならないことだったんだ、と。しかも私だけが不愉快だったわけではなかったんだ、と気づいたのだ。

子どもの頃、将来の夢の発表時間に、ためらいもなくはっきりと「良妻賢母」と言っていた友達が何人かいる。良い妻で、賢明な母を意味する四字熟語。男なしでは成し遂げられない夢だから、いぶかしく思った記憶がある。女と男が結婚して家庭を築けば、言うまでもなく家事も育児も、二人で一緒にやるべき義務となる。なのに、将来の夢として「良妻賢母」と書いたかどうかに関係なく、明らかに今でもほとんどの家庭では女性が家事も育児も担わされている。

女性が多い会社に通っていた頃、30代以上のほとんどの社員は結婚していた。その人たちは自らを「働くママ」と呼んでいた（働くパパという言葉はないのに）。時代が時代だから、「良妻賢母」と「自己実現」を同時に叶えることができるかのように思えた。しかし育休を取るのは、依然として女性社員ばかり。男性社員はその代わり結婚して一家の大黒柱になったという理由で昇進へのファストパスを手にした。有給を取って平日の昼に街中を歩いていると、ベビーカーを押しながら子どもの手を握っているパパの姿は見当たらない。

私がしばしのあいだ結婚を夢見ながら感じていた心地よい安定感は、ほろ酔いのときにしか与えられないものだった。言い換えれば、つねにちょっぴり酔っていなければならないということ。良妻賢母どころか、毎年コロコロと変わる夢の中で世界を牛耳る自分を思い描いていた私にとって、結婚とは、本来の自分を忘れてこそ叶えられるものだったのだ。それが自分にとって本当の幸せだと言えるだろうか。簡単で頑丈に思えていた道には、実はとんでもない落とし穴が潜んでいたのだ。「社会から求められる女」を演じる苦しみに、「妻」としての役割までが加わって、一生苦しんでいたに違いない。気持ちいい酔いから覚めた今、私はいつもより

9　日本の正月やお盆のような伝統行事。韓国では旧暦1月1日の旧正月、旧暦8月15日の秋夕に親戚が集まり、先祖を弔う祭祀を行う。しかし、その際の料理を女性が用意することが多く、男尊女卑的な風習として問題視されている。

も頭の中がすっきりしている上に、幸せだ。

今の私は非婚主義者で、その決心をもっと正確に「反婚」と言っている。私たちは海外メディアのインタビューで韓国の非婚を紹介しながら、「no-marriagist」の代わりに「anti-marriagist」という言葉を選んだ。結婚しない、だけにとどまらず、結婚制度そのものに反対するという意味を込めて。それから非恋愛、非婚、非セックス、非出産を訴える4B運動に賛同し、加わることになった。

子どもの頃から今まで、結婚しないと決めた一番の理由は変わっていない。自分のためになる最もいい選択だから、だ。もっぱら私が私として幸せに生きるため。これからも私の決心は揺るがないだろう（いろいろなところで決心を吹聴しているので、なかったことには絶対できない）。私は「みんながよければそれでいい」というような事なかれ主義が大嫌いだ。みんながイエスと言うときに、ノーと言えるようになりたい。これからもそうやって自分を持った人間として生きていきたい。非婚という所信表明がこれ以上「所信」でなくてもいいような世界になるまで、絶えず口にし、叫ぶだろう。動画を作って、YouTubeにアップして、自分の経験を文章にしているように。過去の自分のように自分自身を見失いながら合わない服に袖を通そうと努めている女性たちに、これ以上そんなことをする必要はない、と伝えるために。

カップリングゲーム

エイ

非婚をテーマにしたYouTubeチャンネルを運営しているからか、生まれつきの非婚主義者だろうと思われることがある。今の見た目になってから私と知り合った人にならば、そう見えなくもないかもなと納得もできる。けれど、昔の私は正真正銘の結婚主義者だったわけで、だからそんなことを言われるたびにそわそわしてしまう。「私だって昔は、結婚したくて仕方ありませんでしたよ」とへらへらと打ち明けることだってある。初めからの非婚主義者だという小さな誤解を解くためでもあるが、それよりは結婚主義から非婚主義へと変わったこと、だから誰でも変わり得ると伝えたい気持ちのほうが大きい。

昔の私は今と違って「かなり」といえば「かなり」の結婚主義者だった。できるだけ早く結婚したいと思い、二人だけの特別な愛を完成させてくれる誰かを待ってばかりはいられずに、ウズウズしていた。早く結婚したいという私の目標を理解し、一緒に暮らしてくれさえすれば誰でもよかった。彼氏ではなくても、友達と一緒にいろんなところへ出かけたりして楽しく暮らせるだろうと思っていたときもある。しかし、それから時間が経つと、友達は一人、二人と恋愛を始め、私にも誰かと付き合うことを勧めてきたり、相手を紹介してくれたりするようになった。

そんな雰囲気に流されて、初恋をした。短い付き合いだった。しかし、最初から恋人がいなかったならいなかったで知らなくてすんだだろう空虚感が、別れた後に押し寄せてきた。不安になった。一度作られてしまった誰かの席が空席になるたびに、自分だけが世の中の荒波にもまれ、肌を刺す風に吹かれているようだった。彼氏がいない私は、どこか物足りない哀れな人のように思われた。どうにかこうにかして自分の隣の席が空いたままにならないように、あがいていた。

恋愛よりも結婚を求めていた私は、行き当たりばったりで誰かと付き合っていたし、彼氏がいなかった前の人生がどんなものだったかは、思い出すことすらできなかった。

恋が終わるたびに、どんどん縮こまっていった。みんな恋愛上手に思えるのに、どうして自分だけはすぐに別れてしまうんだろう。私って恋愛下手？　あるいは付き合い方が間違ってる？　そんなことに思いを巡らせるうちに、自分への確信は日々薄れていった。こんな私でも好きになってくれる人がいるものなら、心の空白も埋められるのではないだろうか。そんないい加減な期待半分と、感謝の気持ち半分で付き合い始めるケースがほとんどだった。「相手のことが好きな私」をでっち上げて、献身的な恋愛をする自分の姿に酔いしれた。「気がないことがバレたらどうしよう」と、大げさに気持ちを表現したり、頻繁に連絡したり、彼氏より私のほうがもっと相手を求めているふりをしたりした。自分のスケジュール、スタイル、趣味趣向、性格のすべてを共有し、相手に合わせることが普通だった。

　自分を変えることは、彼氏に気がないことを効果的に覆い隠してくれ、できるだけ早い結婚を可能にするための偽装であり、自分にできる最も大きな愛の表現だった。他人のためにここまでやれるだなんて、と思えるところが好きだった。から騒ぎの恋愛だった。相手のことはともかく、自分への尊重や配慮がない限り、恋愛はいい結果に終わらないことが多く、ふたたび空虚になった心を埋めてくれる誰かを追い求めるという悪循環が続いた。

　傷つけて、傷つけられるだけの関係が繰り返され、ヘトヘトになった。二度と恋愛なんかしないと決めて心の壁を固く築き上げたのに、気がつけば壁にはドアとチャイムがあって、そのドアはチャイムが何回か鳴るだけで外から来る新しい誰かを歓迎するために、開け放たれた。人は、入ってくるときはチャイムを鳴らし礼儀正しいのだが、出て行くときは冷淡そのもの。なのに、外からチャイムが鳴るたびに、心のドアは、ふたたび開け放たれるのだ。どうかこの人は誰も埋められなかった私の心を埋めてくれますように、と願いながら……。閉まっては開け放たれることを繰り返しながら恋愛を続ける自分が、まるで飼い犬のピーナッツ（タンコンイ）のように思えた。傷つけられても、誰かが近づいてきて関心を示しさえすれば、喜び、期待し、そんな出会いの中でまた数々の感情を抱き、幸せを感じた。たとえその終わりがあんまりだったとしても。

健康問題で、天職だと思っていたサービス業から事務職に移って間もない頃、不安定な立場の契約社員、ちっぽけな給料、たびたびの残業という現実にうんざりしていた。しかし、ギリギリの成績で大学を卒業した上に、キャリアも短かったので、もっといい会社に行ける保証などなく、退社は考えられなかった。悩みに悩んで、通信大学（サイバー）に入学することにした。スペックを上げて次は今よりいい会社に移ろうと。現役で通った大学では、めちゃくちゃな生活をしてかろうじて卒業したくせに、なぜか通信大学ではうまくやれそうだという根拠のない自信が大惨事を引き起こしたのだ。

通信大学なのに、私が入った学科はオフラインでの参加を大事にしていた。現実に追われてオフラインの行事には参加しない学生のほうがずっと多い中、私はもともと新しい人に出会うことが好きで、グループで直接顔を合わせられる行事がうれしかった。家と会社の往復がすべてだった退屈な人生に、一筋の光が差し込むようだった。学期の始まりから仲良くなって一緒に通っていたグループの中で、学科の代表、副代表が選ばれ、かれらと一緒にしょっちゅう行事に顔を出すうちに、私も運営スタッフになっていた。さまざまな年齢の学生がいたが、多くの社会人大学生の中で、20代半ばの私はほぼ下っ端だった。運営スタッフをやっていて、髪が長くて、どんな話にもよく笑ってくれる若い女の子。あの頃の私は、こう認識されていた。

同期たちは、グループの中の若い女男が付き合わないことを不満に思うK－文化に忠実なあまり、まるで楽しいカップリングゲームでもするかのように、同じ年ごろの女の子と男の子を線でつないでカップリングし始めた。例えば、こんな感じだ。

「あら、エイがBに水を注いであげてる。私には注いでくれなかったのに！　へぇー、エイってBが好きなの？　もしかして二人、付き合ってる？　私には正直に打ち明けてくれてもいいんだよ！」

それからは何をしても、何もしなくても、結びつけられるアリ地獄。私も例外ではなかった。先輩の話によれば、若い子たちは「恋愛しないでいるにはもったいないくらい若くて美しい年」で、望んでいないカップリングゲームに参加させられる運びとなった。

唯一同い年だった男子学生と無理やりくっつけられていた頃に、いくつか年上の男子学生が

10　韓国の大学では学生会が学校の運営に関わっており、学年、学科、学部、全校単位での代表と副代表が選挙で選出される。

私に気があるというううわさが広まった。すると、カップリングゲームのターゲットが一瞬にして変わり、女は自分のことを好いてくれる男と付き合うのが一番だと、今度は年上と付き合うメリットについて説いてきた。背中を押されるようにして、私はその年上の学生と二人だけで話す場を持ったけれど、結局すぐに断った。心のドアに、ついに鍵がかかったのだ。断ってからも続く求愛と周りからのプレッシャーに負けて、嫌々何度かのデートをしてから気持ちが揺れ始めた頃に、彼からとどめの一言が放たれた。「君のために海外移住の計画をあきらめることにした」と。その責任を取れといわんばかりだった。まさか！　そんなことまでしたと言われると、いやでも責任を取るしかないように思われた。きっちり締め切ったと思っていた鍵は、蜃気楼のように消えてしまった。

そこそこ穏やかな日々を送っていたある日のことだった。ソウルの郊外に出かけたことがあまりない私に、彼氏は自分が生まれ育った町に来るがいいと、家を購入したと言った。なんと私たちの新居だという。ソウルからは車で1時間半くらい離れた地域で、家から最寄りのバス停と地下鉄の駅までは、徒歩3～40分かかった。学科の運営スタッフだった私を自分好みの「大人しくて几帳面な女性」だと思っていた彼は、私が口癖のように言っていた「早く結婚したい」という言葉を聞いて、一人でこっそり結婚準備を進めていたのだ。

事故のトラウマがあった私は、自分に運転ができるはずがないと勝手に信じ込んでいた。だから、その街に閉じこもるようにして生きていくだろうということが直感的にわかった（少し自慢すれば、今は大型一種免許を取ってから2年経っている）。結婚してからも仕事を続けたい、というかすかな希望を込めた私の言葉は、「一階にあるカフェみたいなところでアルバイトすればいいだろ」という答えですぐに突き放された。カフェだなんて、コーヒーも別に好きじゃないのに！　自分のキャリアなど、議論の対象にもならなかった。

そんな気持ちにも気がつかず、不動産屋の社長はこんな立派な家をサプライズで用意してくれる人がどこにいるのかと、私のことを「幸せなお嫁さん」と呼んだ。お嫁さんという言葉に、思わずゾクッとした。それから結婚相手というポジションが確立してしまった私は、「結婚する甲斐がある女性」になるために、さまざまなことを変えていかなければならなかった。

家を見たあとから、お互いのことをもっと深く知ることになった。彼は、私がゲームが好きで、男友達が多くて、EDMフェスティバルが好きだということを知った。それから、いろいろな問題が起きた。行っても平気だと、たくさん楽しんできてと自ら車で送ってくれまでしたEDMフェスティバルに参加した日には、大ゲンカをして二度と行きたいと思えなくなったし、男友達との連絡も許されなかった。初めにカップリングゲームの対象になっていた同い歳の男友達に、とりわけ敏感に反応した。なんの気持ちもない友達と何で連絡をしてはならないのか、理解に苦しんだけれど、彼に合わせようと連絡を断った。

男友達をことごとく報告したこともある。その後にリストになかった旧友とたまたま連絡がつながって、彼氏にそのことを打ち明けると、嘘をつくなんて信用できないと怒り出した。私は嘘ではなかったと言い返した。日に日に状況は悪化していった。相手の嫌がることが言えない性格なので、それまででケンカしたことなど、指で数えられるくらい少なかった。しかし、以前まで「お互いのことが理解できないくせに、なんでケンカまでして付き合うんだろう」と思っていたのが恥ずかしくなるくらい、あの頃は毎日のようにケンカをした。どうにかして相手に合わせてみようとしたが、いつもすれ違った。まるで昼ドラの主人公になって悪役の悪巧みにやられまくっているような気さえした。

結局彼は、私のせいで自分がこんな人間になったんだと言って私に罪悪感を覚えさせようとした。ケンカの原因はいつだって私の間違いにあると。何か指摘されそうな気配がしただけでも、胸がざわついた。あとから知ったことだが、これはとんでもなく成功的なガスライティングのケースだった。彼と私のあいだには一方的な解明、謝罪、不安、服従があるのみだった。数え切れないほどのケンカのあと、最後の最後の関係修復のために、ケンカの原因を提供した私に示された条件は、次のようだった。

一つ目：親戚、会社の上司、係長、友達の夫、高校時代の担任の先生、昔一緒に働いていた支配人、マネージャー、知らない電話番号にはいつも出ないようにしているから「宅配配達員さん」と登録しておいたいくつもの番号などなど。理由は関係なく、すべての男の番号をブロックして削除した後に私の番号まで変えること。

二つ目：仕事帰りのバスの乗降車後、コミュニティーバスの乗降車後、家に着いたあとに、必ず連絡すること。

特別な理由もなくいきなり番号を変えると、友達から家族まで大騒ぎとなった。彼氏は、男子がうじゃうじゃいる大学で私が勉強を続けることをよく思っていなかったので、大学も自主退学した。彼らが私を見つめる眼差しから、自分だけが読み取れる汚い感情が伝わるんだとか。自主退学の手続きは、入学のときと同じくらい簡単だった。

男友達がいない場所でも、いつもびくびくしながら行動一つひとつを気にする私を見て、くっつけようと必死だった先輩たちまでもが申し訳ないと謝るくらいだった。格子なき牢獄に閉じ込められているような気分をどうにか抑えて、好きすぎてここまでやれちゃう自分を演じるのに没頭した。自分さえちゃんとできれば、自分が原因を作らなければ、今のようになんの問題もなく仲良くできて、結婚後も幸せに生きていけるだろう、とまで考え始めた。そんなある日、帰りのバスでゲームに夢中になったあまり、連絡をうっかり忘れて家まで着いてしまった。急いで事情を説明すると、こっそり男と連絡してたんじゃないかと怒鳴り散らすではないか。

ここまでくると、私と別れたくてひどいマネをしてきていた相手に、こっちがムダに合わせすぎたんじゃないかと思ってしまうくらいだ。「君のために海外移住の計画まであきらめた」と言われて大げさに始めた恋愛だって、結局はこんなことで終わってしまった。最後に彼が残した一言「最後だからもう一回だけ寝ない？」には、驚きもしなかった。

この件に懲りて、そのときから今までずっと一人だったならどれだけよかったのだろうか。それからも何度か男と付き合った。自分で自分をむしばんでいる間、韓国には江南駅殺人事件をきっかけにフェミニズムの大きな流れがやってくる。もちろん、その流れはずっと前からあったのに、すっかり無知だった私は、あの事件の後にフェミニズムを認知し始めた。女性たちは、これまで経験してきた脅威的な状況を共有し合うことで、少数の女性だけが被害者になるわけではない、という事実を互いに喚起させ、目を覚まし始めた。

現実を目の当たりにすると、どこも安全ではない気がした。小さかった不安は一瞬にして雪だるまのように膨らんでいった。何年も一人で問題なく通っていた家までの路地でも、何回も後ろを振り返って確認したし、近くに怪しい人がいると友達に今どこどこにいるけど、怪しい人がいるから連絡がつかなくなったら通報してほしいとメッセージを送った。深夜だろうと明け方だろうと、急な連絡に誰ひとり面倒がることはなかった。随時互いに安否確認を行ったし、誰かとしばらく連絡が取れなくなると、心配になって何人かで代わる代わる電話をかけた。だが、それだけでは不安を落ち着かせることができなかった。警察と法があっても、私を守ることはできなかった。私はどうすればもっと安全に過ごせるだろうかと悩んだ。危険から逃れるために選んだのは、私を守ってくれそうな「頼れる男」だった。

急遽見つけた「インスタントの安全」は、もちろん長続きしなかった。旅行のときに経口避妊薬(ピル)について調べていて、副作用で死んだ人がいるという内容の海外の記事を見つけ、彼氏に「ほら、処方薬でも危ないんだって。怖いね」と言うと、「臨床実験を済ませてから市販されている薬だから、怖い思いがするからって危険なわけじゃないさ」と延々とファクトチェックをされた。彼とはピルをめぐって半日くらい口ゲンカをし、うんざりしてすぐに別れてしまった。そのあとに付き合った彼氏は、ガラス張りの窓の席に座ったら知らないおじさんに脚をじーっと見られて気持ち悪かったという私の言葉に、お前がそれくらいきれいだってことだよと、適当な返事をしてきた。その彼氏とも、あっという間に別れた。妙なところで無駄に根性のある私は、そんな経験までしてもあきらめずに外国人と付き合ったりもしてみたが、突然相手から音沙汰がなくなり、一人で頭を抱えることもあった。

いろんなことで苦労しながらも、最後までしがみついていた結婚への幻想。それがすっかり消えるきっかけになったのは、「不便な勇気デモ」[11]だった。私はこのデモをきっかけに、フェミニズムに深く興味を抱くようになったのだ。

ちょうどデモが始まった頃には、生まれて初めての長期休暇を過ごしていた。休みなく働き続けていた会社を退社したあと、失業保険を受け取りながら半年くらいは休んでみようと思って、就活を先延ばしにしていたのだ。やるべきことがいつも山積みだったのに、ある日突然空から時間が落ちてきたように時間ができると、何をすればいいかがわからなくなった。なんの計画もなしに一晩中ゲームをしてみたり、後回しにしていた健康診断を受けたり、平日の昼間の人けの少ない繁華街に出かけてみたりしながら、なんとも優雅な日々を過ごしていた。

同じ場所にじっと立って呼吸を整えられるくらいの余裕ができると、周りにも目を向けられる時間が増えてくるものだ。あたりを見回していた私の目が止まった先には、「助けて」と叫ぶたくさんの女性たちがいた。

不便な勇気の一回目のデモで受けたあのショック、胸を満たしてきたシスターフッド。あの日の経験をこの先もずっと忘れることができないだろう。今だから言えることだが、実はあのときはまだ女性嫌悪についてよく知らなかったし、人権などの難しいテーマは他人事だと思っていた。ただ女性たちが集まってデモをするなら、人数が少なくてはあんまりだと思ったし、ちょうど時間が有り余っているしで、あまり悩まずにデモに参加したのだ。ちょっとした偶然の重なりで起こしたアクションだった。その小さな選択の一つで、自分がどんな刺激を受け、その先どう変わるかなど、当時は想像すらできなかった。

デモの参加者はなんで髪を短く切るのか、化粧下地くらいは塗るのがマナーなのになんでやらないのか、かわいらしい服をどうして着ないのか。何一つ理解できないまま、とりあえずデモに身を投じ、その真っ只中で覚えた数々の感情を、今でも昨日のことのように覚えている。怒りや悲しみに埋め尽くされた女性たちの叫びには、不思議な力が込められているようだった。毎回涙腺を刺激され、デモに参加するたびに理由もなく、むせび泣いていたのだから。人前では絶対泣かない私をここまでさせる感情がどこからやって来ているのか。それを説明してくれるのは、フェミニズムしかなかった。

11 違法な盗撮をめぐって、2018年に行われたデモ。男性モデルが同僚の女性からの盗撮被害に遭った「弘益大学ヌード盗撮事件」で、女性が被害に遭うケースよりもはるかに迅速に犯人が逮捕されたことがきっかけとなり、火がついた。女性団体「不便な勇気」は、捜査機関に対し「公平捜査」「同一犯罪同一処罰」を求めた。計6回のデモで、延べ30万人が集まる。「不便な勇気」とは、世の中が不便を感じるほど勇気を出さなければいけないという意味。

もっと詳しく知りたかったのに、どこから始めればいいかわからなくて手当たり次第に調べてみた。インターネットでフェミニズムを実践してみたという記録を見つけて目を通し、図書館で借りてきたフェミニズム関連の本を読んだ。いくつものオンライン、オフラインのイベントとデモにも真面目に参加した。幸いにも、私がフェミニズムの勉強を始めた頃は、同じくデモをきっかけに覚醒した女性が多くて、かれらの要請に答えるような形で講演とイベント、勉強会などがあちこちで行われ、さまざまなテーマについて、必要なだけ勉強することができた。

この世に生まれて以来、悩みながらも、それなりに地に足をつけて生きてきた。よく知り尽くしていると思ったこの世は、私が別の角度からの目を持つやいなや、待ってましたと言わんばかりにありのままの荒々しい姿を見せつけてきた。次から次へとつらい事実が明るみになってきた。なんで髪を切るのか、なんで化粧をしないのか、知れば知るほどさらに知りたくなり、何から何まで調べまくった。初めは休むつもりだったのに、ソウルのあちこちを飛び回っているうちに、働いていたときよりも忙しくなった。

私はとんでもない方向音痴で、慣れているところが好きだ。それで行動範囲は、家と会社といったくらいだった。しかし、いつの間にか、講演を聞きにいこうと見知らぬ道を歩き、行ったことのない場所を訪ねるのが日常になり、大学卒業後には一度も訪れなかった大学キャンパスにも、何か所か訪ねて行った。他の大学を訪ねることは大学生だった頃もなかったため、新鮮な経験だった。あの頃にいろんな経験ができなかったなら、私は今でも「安全な家」としての他人を見つけようとして、捨てて捨てられるカップリングゲームを繰り返していたかもしれない。

手当たり次第に集めた情報を整理しながら、自分なりの基準を作り始めた。基準ができると恐怖でもやもやしていた頭の中がすっきりしてきた。あとから気づいたことだが、カップリングゲームは安全になるための方法ではなく、最も悪いものを避けるために次に悪いものを選択することだった。危険な世界から私を守ってくれる完璧な他人、なんてものは存在しない。その事実に気づくまで、あの人がおかしいだけで、まともな人に出会えば大丈夫、なんて話に騙されてきた。しかし、私が求めてきた安全はどこにもなかった。そのことを知らないまま、誰がより安全かを推し量ろうとしながら、まるで自分を実験室のネズミのようにしてあんな実験、こんな実験を行っていたわけなのだ。

私に必要なものは、感情を否定せずにありのまま受け入れる強い心だった。半人前の自分を一人前にしてくれ、不安を落ち着かせてくれ、危険からも守ってくれると思った結婚ではなく。私が抱いていた寂しさや不安は、他の人によって埋められるものではなく、すべての人間に与えられる課題のようなものだった。自分の問題の答えを他の人から見つけようとするから、よけいに難しく思えただけ。自分をしっかりのぞき見ない限り、結婚という法制度で他の人と自分をひとくくりにしたとしても、それは一時的に縫い合わせただけの「仮止め」にしかならないはずだ。結婚は、私と生涯を共にするだろう空虚を、絶対に解決してくれはしない。

私たちは、未知のもの、世界で定義されていないものを恐れる。その正体を知り、向き合うことは、恐れを乗り越えるための第一歩になる。自分が今恐れているものをしっかり把握できなければ、そこからもたらされる大きな嵐に備えることができない。ひょっとしたら私のように本当は安全でないのに安全だと思う場所を探し求めて、自分をさらに窮地へと追い込むことだってあるかもしれない。科学と文明がこんなにも発展した21世紀にも、お化け、宇宙人、モンスターといったものが愛されるのは、未知の領域に対する人々の恐れと好奇心から関心が高まっているからだ。

もちろん単純に知ることが恐れを乗り越える唯一の方法ではない。しかし、知ろうとすることで、この次に進むべき道を見つけるための可能性が生まれ、実態のなかった恐れに向き合いぶち当たる中で、それを回避するためのさまざまな方法を見つけることができる。それまで山積みになっていた疑問への答えを見つけていくうちに、私にも進むべき道が見えてきた。いまや私は、確信を持って言える。寂しさを抱えていることは、欠点でも、未熟だという証拠でもない、と。それに寂しさは、すぐに埋めなければならないものでもない。これからは、他の人に自分を癒してくれるよう求めずに、自分で自分の気持ちを救う方法を学ぶ番だ。

自分のための人生を送ることにしたあと、たくさんのことが一瞬にして変わった。自分のために自分を変えるのは、相手のために自分を変えることよりずっと簡単だった。私は最初から非婚主義者、フェミニストだったわけではない。数々の変化を経験しながら、今のこの私になった。そして非婚という変わらない人生の基準を持つことは、未来に起こり得る予測不可能な変化を堂々と待ち伏せるための支えになってくれる。

私はいまだに周りに流されやすい。が、結婚しないでいる人に注がれる、残念そうな眼差しや気の毒だというふうのアドバイスには、もはや揺さぶられない。結婚だけが正解だといわんばかりのカップリングゲームの地獄から抜け出し、寂しさと空虚と不安を自分のものとして受け入れ、ついに自分の人生を歩み始めたのだ。

結婚シンドロームに陥った世界を救え

エス

私も現役のYouTuberだけれど、他のYouTuberの動画もジャンルにこだわらずよく見ている。すると、とりわけ女性のYouTuberのコメント欄にだけ目につくものがある。それはズバリ、結婚についてのコメントだ。ふだんよく見ている食事系（モッパン）のYouTuberがライブ中におならの話をした。すると、チャット欄に「そんな話をしたらお嫁に行けませんよ（笑）」というコメントが投稿されたではないか。

女男を問わず、人間であれば誰でもおならをする。そんな永久不変の真理はひとまずおくとして、何十万人もの登録者数を有する人気チャンネルを運営していて、動画の再生数がいつも数十万回を優に超えるという人に、お嫁に行けるかどうかという心配は無用だということを知らないのだろうか。

同じライブを見ていた数千人もの視聴者とYouTuberになんの影響も与えることができずに消えてしまっただろう馬鹿げたコメントを見ていると、小学生のときに親と一緒によく見ていた数々のドラマが思い出された。不思議なのは、どのドラマも同じく、「起―承―転―結婚」という構成だったこと。結婚だけが物語のゴールのような印象を受けた。苦難や逆境を乗り越え、黒いタキシードと白いウェディングドレスを着込んだ新郎新婦の姿。花びらの舞うバージンロードを歩きながら参加者たちからの祝福を受けている華麗なる結婚式。物語の大団円を飾るのにこの上ないシーンだった。結婚という終止符が打たれなければ、2％ほど何か足りない感じでもやもやする。ネット上の「視聴者掲示板[12]」にざっと目を通してみると、そのほとんどが「○○と△△が早く結婚して幸せに暮らせるようにしてください」という内容の書き込みだった。

「結婚＝幸せ」という公式が本当にあって、結婚が人生を一人前に生きるための必須条件でもあるかのようだった。とくに、平凡な女性がお金持ち（だけど性格は悪い）の男に選ばれ、ゴールインするシンデレラストーリーは、陳腐でありながらもいまだにヒットを保証してくれる。

私はこのような現象を「結婚シンドローム」と呼んでいる。誰かがこのシンドロームに疑問を抱こうものなら、人々はまるで結婚を究極の答えとして提示するよう設計されたロボットのように振る舞う。人生計画に結婚がないという旨を初めて母に告げたとき、母は「あんたはまだ何もわかってないのよ」という言葉で一蹴し、その決心が大人になってからも変わっていないと知ると、「いい男に出会えば変わるわよ」と言った。

今は、「もう少し年をとってみな。結婚しなきゃ寂しくてやってけないからね」とか「男と女が結婚するのが自然の摂理なの」とか言って、摂理に逆らおうとする私をまだ半人前の子どものように扱う。

「あの家の長女は、あの年でまだお嫁に行けてないって。親孝行をするつもりはないのかね」

12 各韓国ドラマのホームページには、視聴者が感想や意見を寄せられる掲示板が用意されている。

と言われたくないからか、それとも責任感のためか。子どもを結婚させるまでは親としての荷を下ろしきれないからと、私がいつか結婚するだろうという期待を捨てられずにいる。おそらくその不満げな目つきと期待は、少なくとも今後10年は続くだろうと思っている。

　母は一昔前の人だからそうだとしても、ある程度共感してくれると思っていた同年代からの反応もあまり芳しくはなかった。友達に結婚するつもりはないと話すと、ある友達は私の肩を叩きながら「そんな子に限って、真っ先に結婚するんだってば」と笑い飛ばした。友達の笑い声とともに何度目か肩を叩かれた頃になって、「絶対しないから、そんな子に限って真っ先に結婚するって言わないでよ」と先手を打つことができるようになった。そして、その友達は一人、二人と次々結婚している。若い人にとっても非婚という選択肢は、あまり普遍的なものではないらしい。

　ＹｏｕＴｕｂｅでこの話をすると、他の非婚女性たちからの共感のコメントが爆発的に寄せられた。結婚しないという人へ「あなたはきっと結婚するだろう」と言い返すだなんて。それはつまるところ、私の人生計画が失敗に終わるだろうと面と向かって言っているのと同じじゃないか。なんて無礼な呪いだ、とエイと一緒に激怒したことがある（その怒りをそのまま盛り込み、私たちの四つ目の動画「非婚だと言ったら聞かされるウザい言葉」が誕生した）。

職場で自分の価値観に関係する話は、できるだけ避けるようにしている。だが、仕方なく結婚にあまり興味がないことを打ち明けることになるときがある。すると「エスさんくらいなら悪くないのに、なんで……」と残念がるようなニュアンスで言葉を濁しながら、本人的には褒めているつもりの反応が返ってくる。その言葉のベースには、結婚しないというより「できない」のだろう、結婚しない人はどこか問題があるか、何かが足りない人間なのだという認識がある。

自分がなかなかいい人だという自覚はある。しかし私が自己啓発をしたり、自分の体を大事にしたり、スペックを上げたりするのは、自らの競争力を高めて未来を設計するためだ。決して、結婚市場で自分を高く売り出すためではない。むしろ能力もあって、いい人だから、自分の人生を思う存分に楽しむほうがより効率的ではないかと聞き返したい。

結婚が正解だという固い信念のもとで、結婚しないことを足りない人生だと考える人がいまだに多い。私がどんな人生観を抱いていて、どんな姿勢で人生を送りたいかは、他の人にはそれほど重要ではない。ただ非婚を選んだという理由だけで、私の人生は他人からすればはなから不正解なのだ。

非婚関連の記事を見ていると、コメント欄に必ずと言っていいほど「自己中すぎる」という書き込みが目につく。一体どこが自己中だというのだろう。「女ごとき」が結婚もしないで一人で幸せに暮らしていくというから？　韓国社会で非婚女性は、知らず知らずのうちに「半人前の人間」になったり「自己中」になったりする。

そうした反応を見聞きするうちに、結婚しないと言いながらも、心の片隅では何か引っかかるものがあったようだ。年をとるにつれて周りの友達の結婚の話が頻繁に聞こえてきて、かれらの言葉どおり「落ちぶれた」人生になるのではないかと恐ろしくなったのだ。気を取り直して、どのように生きていくか未来を思い描こうとしても、直ちに思い浮かぶイメージがない。結婚をしないで「一人で幸せに暮らしている」女性を見るチャンスがなかったからだった。テレビや本などメディアに描かれるひとり暮らしの女性像は、みんな変わり者だったり、ヒステリックだったりして、周りから疎まれる「どこがおかしな」女性ばかりだった。

しかし、非婚を宣言してから6年目に差し掛かった今、自分の人生は落ちぶれているのだろうか。いや、全然！「自然の摂理」や「正解」から抜け出すんだ、と堂々と宣言した今の私は、不幸でも、寂しくもない。むしろ周りの女性たちと自分を大事にしながら、実りのある人生を送っている。どうやったら自分にもっといいものを食べさせられるか、どのような間取りの家が自分に合うか、どのようにしてもっと楽しくお金を稼げるか、なんてことに考えを巡らせながら。もっぱら自分だけに集中すればいい、という大きな違いを除けば、他の人の暮らしと何も変わらない。

今ではもう、自分の40代や50代、その後が何一つ怖くない。ホンサムピギョルを運営しながら、あちこちに隠れていた40代の非婚女性とたくさん出会うことができたからだ。驚くことに（当然なことではあるけれど）、女性が結婚しないで40代になっても、何事も起きない。もちろん50代、60代になっても、だ。このごろはさまざまなバラエティ番組の中で、どの時代よりも女性のお笑い芸人が活躍している。その女芸人たちの堂々とした姿も、自分の未来を描くのに一役買っている。

私が選んだのは、その道に進んだら大事にでもなるかのように言われてきた道だった。しかし、いざ進んでみると、恐ろしいことは何も起きなかった。子どもの頃に見ていたドラマのように、結婚で終わらなくても、十分にハッピーエンドになり得る。私の物語は結婚では片付かない。自分一人で幸せに暮らすためのコツで埋め尽くされた「ホンサムピギョル」（一人暮らしの秘訣）流の新しいページを埋めながら、絶えず続いていく物語なのだ。結婚は当たり前のものではない。結婚しないことのほうが、ずっと自然だ。結婚を選ばないあなたは、変わり者などではない。

「非婚」は、10年前は聞き慣れない言葉だったが、韓国では、いまや多くの人たちに親しまれる言葉になった。だが、まだ正式に採用している国語辞典は少ない。この原稿を書いている今も、非婚と打つたびにスペルチェックで未婚に変更するように勧められている。そこで私とエイは、もう一歩踏み込んでみることにした。どうして結婚がデフォルトで、私たちが正常ではないと思われなくちゃダメなんだよ！　結婚しないほうがずっと自然なのに！　それでYouTubeのチャンネル名にも「ひとりで歩む人生、どきやがれ、結婚主義者たち！」(ホンサムピギョル) というフレーズが入っている。「非婚主義者」という言葉はよく聞くが、「結婚主義者」という言葉は耳慣れないはずだ。言葉一つを変えるだけで、思考の転換が起きる。

この間、よく散歩する公園でピンクミューレンベルギアが咲いているのを見た。そよ風に揺られている姿や優しそうな色合いとは裏腹に、繁殖力と生存力が強くて「生態系撹乱生物」2級[13]に指定されているという。生態系撹乱という言葉が、他人事ではないように感じられた。それじゃあ、私は何級くらいだろう……。おそらく一級の中でも、特別監視対象かもしれない。

納得できる世界を想像してみる。女たちが他の人に、自分の人生の主導権を渡す代わりに、自分のしたいことで自ら未来を思い描く世界を。賢明な女性たちが富と権力を握って、末永く一緒に暮らしたい人たちと自由な共同体を作って暮らしていく姿を。テレビをつければ結婚で終わりを迎えるドラマではなく、過去に存在した結婚という風習を、人権を踏みにじるものだったと紹介するドキュメンタリーが流れて、私はそれを不思議がったり、怒ったり、腹を立てたりしながら観る想像をする。

結婚シンドロームに陥っているこの世界を救いたい。ああ神様。非婚の神様がいるなら、それはこの世を生きているすべての女性なのだろうと信じている。少しずつ目覚めている女性の一人ひとりが、この世界を、女性たちを、救い出すのだろう。その女性たちは半人前だったり自己中だったりする女性たちでなく、自らの道を切り開いていく人たちだ。「ひとり暮らし」を選択した女性一人ひとりの人生そのものが、結婚シンドロームに真っ向から異を唱える証拠になるだろう。そして、その力はいよいよ非婚という言葉すら必要ない世界を作っていくのだろう。

未婚じゃなくて、非婚です

エイ

違うという意味の「非」、婚姻という意味の「婚」、という漢字を使う非婚。ネット版の国語

13 生態系に危害を及ぼす可能性があるとして、環境部長官が指定・告示する動植物のこと。2級は、「今後生態系に危害を及ぼすリスクが上昇する可能性があり、持続的な観察が必要とされるもの」を指す。

辞典によると、この言葉には次のような意味がある。「結婚しないこと、またはそのような人」。つまり、ただ単に結婚していない状態か、または結婚していない人を意味する。じつは、これは未婚の「いまだ結婚していないか、あるいはそのような人」という意味から、いまだという表現を取り払っただけにすぎない。非婚という言葉のどこにも、どんな理由で結婚を拒んでいるとか、これからも結婚は絶対しない、というニュアンスは込められていない。

それが原因かもしれないが、「非婚です」と告げると、「本当は結婚したくてもできないだけなんじゃないか？」「そういう人に限って早く結婚するよね」などと言われがち。非婚を単に「今結婚していない状態だ」という意味として理解する世間の認識がそのまま表れている。

実は私も、「そういう人に限って早く結婚するよね」という言葉を口にしたことがある。できることならそのときの自分の胸ぐらを掴み、「しっかりしろ」と叱りつけてやりたい。あの頃の私は、非婚をまともに理解できず、世の中のバイアスがかかったままの意味で受け入れていた。しかし、非婚主義者になった今となって非婚という言葉を使うときには、家父長制の花とされる結婚へのボイコット、一人の女性として主体的な人生を築くことへの意志、といった意味合いが加わっている。ボイコットする理由は数え切れないほどたくさんある。しかし、世の中にはまだその意味が伝わりきっておらず、冗談や皮肉めいた言葉が遠慮なく私を傷つける。

転職準備で休んでいた間、非婚の決意を固めることになり、ＹｏｕＴｕｂｅまで始める運びとなった。短かったが、激しく燃え上がっていた無職の時代が終わり、その後に入社した会社で、ＹｏｕＴｕｂｅをやっていることがバレてしまったことがある。掛け持ちしていることが知られていいことは何一つない。会社には既婚者が半分以上で、その他はみんな結婚主義者だった。そんなところで非婚主義を掲げているチャンネルを運営していることが知られたら、いろいろ面倒が起きるだろうというのはうすうすわかっていた。平和に過ごすためには、一匹オオカミを気どって無口なふりをするか、どんな話にも興味がないふりをするかしかない。そんなふうにして穏やかに過ごしていたときのことだった。

毎週水曜日にはお昼の時間に会食が開かれたが、その日はよりによっていつもの広い店ではなく、手打ち麺（カルクス）を売る狭い店をほぼ貸し切り状態で使うことになった。お昼といえば、疲れ果てた会社員たちが、仕事など忘れて楽しくおしゃべりをしようとする時間だ。その日もまた、いろいろな話が行き交って、たまたま非婚がテーマに上がった。それからは危うい感じのネタが湧きに湧き、チームリーダーと、隣の席の先輩と、後ろの席のマネージャーなどが、みんなそろって片手に携帯を持ち、ＹｏｕＴｕｂｅで非婚を検索する事態となった。

ＹｏｕＴｕｂｅを始めて間もない頃だったが、ときどき非婚を検索してみると、私たちのチャンネルがかなり上位に表示された。それじゃあ、間違いなく検索結果に出てくるだろうなあ。みんなはどんな反応を見せるだろうか。私はどう対応すればいいんだろう。考えを巡らせてみたが、どんなアイデアも浮かばなかった。平和にタダ飯を食べようとしたつもりが、絶体絶命の危機に追いやられてしまった。しかも、チャンネルがバレたその日は、よりによって「結婚なんか、自発的な奴隷になることでしかない」といった物々しいタイトルの映像がアップされた直後だった。当時の登録者数は、6000人くらいだった。アカウントはあっさりと見つかってしまい、静かだった店が騒然とした。

それまでの努力が水泡に帰してしまった。全員から質問が殺到した。サムネイルを指差しながら、「もともとはよく笑う人なのか」「こんなにしゃべってるところは初めて見た」「いつからやっているのか」「一緒にやってる友達とはどうやって知り合ったか」など、いろんな質問があちこちから飛んできて、私は顔を真っ赤にしながら答えていった。頭を強く殴りつけられたような質問もあった。それは「まだこんなことするには、早くない？」だった。自分の活動を単に面白いゴシップくらいに思っているような数々の質問なら笑い飛ばすことができた。しかし、非婚をするにはまだ早くないか？という言葉だけは、脳裏に刻まれ、何日も胸に何かがのしかかっているような苦しさを感じた。「非婚なんて言ってられるのは人生経験がまだ浅いからだ」「世の中のことがよくわかってないからだ」などという、私の考えを無視するような言葉を笑い飛ばしてしまった自分に、失望さえした。

既婚率がずっと高い会社で、出る杭になりたくなかった。そんな恐怖と、非婚についての自分の考えを、どこから、どのように説明すればいいかわからなくて途方に暮れてたんだから仕方ないと、そんな言い訳を自分に言い聞かせてみた。しかし、少しも慰めにはならない。非婚への世の中の見方が間違っていると、YouTubeで正面から挑戦状を差し出したくせに、いざ目の前で繰り広げられる事態には、まともに対応することができないなんて。プライドはズタズタになった。

それからも忘れた頃に聞こえてくる遠慮のない質問、とんでもなく軽い評価が気になった。ボタンを掛け違えたせいで、その後もずっと笑いごまかしていたが、本当にこれが最善なのか。もしかして私の後から来ている非婚の女性のためにも何かしら言葉をかけて少しでも認識を変えておくべきなのか。でもそんなことをしたら私が何か被害を被るんじゃないだろうか……。質問した側は考えたこともないだろう深刻な悩みは、いつも私だけのものだった。

結婚が人生の通過儀礼となる社会で、非婚の意志を固めた人は、変わり者になってしまう。一人の非婚女性が言われ続けてきて、今も言われ続けていて、これからも言われ続けるだろうすべての質問、疑惑。無視され、嫌悪される経験は、結婚主義者たちが思っているよりずっと多い。無知の仮面をかぶったそれらは、人生の正常なルートを踏み外した非婚女性を攻撃し、揺さぶる。なぜ私が、そんなことに悩まなければならないのだろう。

世の中は、結婚するという人に「どうして結婚するんですか」「それってまだ若くて何も知らないからやってるだけだろう。ひとり暮らしの楽しさをわかってないんだな」「本当は結婚したくないのに、無理してやってるんじゃないの?」などと問いかけるのは許さないくせに、非婚主義者には遠慮なく、当人の決断を否定するような言葉をかけてくる。

そんな言葉のせいで、自分の人生観は、どこか欠けているか、間違っているか、結婚できないことを隠そうとしている言い訳くらいに片付けられる。そしてやがては、傷になる。そんな目で見られるのが嫌で、ときどきは非婚と言わずに、「ひとり暮らしのほうがラクで、まだやりたいこともたくさんあるから結婚は考えていない」と言うこともある。すると、相手はまるで自分に私の結婚、あるいは非婚を許す権利でもあるかのように振る舞いながら、あっさりと私の決断を認めてくれる。その瞬間、私は自分の人生を立派に計画している情熱的な若者になる。自分の基準からはみ出ない程度の答えを聞き、ちょっとした好奇心を満たすことができれば十分なので、そもそも他人の人生、また人生計画への理解や尊重などは存在しない。

いくら答えのない質問が芋づる式に生まれるのが人生だと言っても、他人による心ない質問で、自分の人生が揺さぶられるのを認めてはいけない。自分で自分の人生について考察するのと、他人が自分を悩ませることの違いは大きい。他人による遠慮のない評価や質問を基準にして悩んでいると、その枠に当てはまらない自分がおかしく思えてならないだろう。とくに結婚や非婚の問題については、たくさんの人が同じような質問を投げかけてくるのだが、もし周りに他の非婚女性がおらず孤立している状態なら、結婚主義者に囲まれている自分が、まるで時代の流れを逆行している異邦人のように思えてしまうだろう。

結婚しないつもりだと、家族に初めて打ち明けたのはいつだったのだろう。はっきりとは覚えていないが、その頃は今のような非婚を思い描いてはいなかった。結婚主義者として生きている間に経験したすべての男性にうんざりして、もう男は要らないと、一番仲の良い友達と結婚するつもりだと宣言した。家族は聞く価値がないとでも言わんばかりに、好きにしろと軽く笑い、流していた。結婚しないという選択肢は、考えたこともない。友達と結婚するという宣言は、一度だけの人生だし、どのような形であれ、結婚というパズルを完成させなければならないという思いで考え出した最後の代案だった。

私が人生のデフォルトを非婚に設定してからも、母はときどき結婚は必要だとそっと言っていた。何年か経つと、それ以上結婚をせがまなくなったが、結局いつかは結婚するだろうと思っているようだった。子どもの頃から早く結婚して家を出ると言い、彼氏ができさえすれば結婚すると言っていた子が、ある日突として、結婚なんかなんでやらなきゃいけないんだと啖呵を切れば、なんのことか判然としないだろう。それとなく続いている家族からの期待にもあえて応えなかったり、プレッシャーを乗り越えようとしなかったりすることで、自分の意志を伝えようとしている。

結婚するためにがんばる人生は、まるで両手にそれぞれ重さの違う重りを持って、綱渡りをしているようなものだった。幸せな家庭を築く姿を夢見ながらも、結婚したら夫の都合で引っ越しをすることにはならないか、子どもを産んだら会社に通い続けられるだろうか、復帰してからどんな仕事をすることになるか、と次々と浮かぶ悩みに不安を感じる日々だった。しかし、両手にあるものを捨てて、綱から降りると、新しい可能性が見え始めた。今や、いつもの想像の中で幸せな家庭を築いてそこに胡坐をかいている自分の姿の代わりに、世の中に出て転び、怪我をしてでも、私がやりたいことをやる自分の姿を想像しながら、未来への期待を積み重ねている。

自分の人生を全うするために使うエネルギーを、他のところに無駄遣いしたくない。そのため、家族からでも、他人からでも、私の人生について言われれば、右から左へ流すようにしている。一人で自分の人生を全うしたい。まだまだかすかな希望を手放していない母に、私の決断を軽々と否定していた人たちに、これから10年でも、20年でも、非婚主義者としてまともに生きている姿を見せつけながら、結婚せずに人生を全うできることを証明していくつもりだ。遠くない未来には、女性が結婚について訊かれなくてもよくて、自らの決意が結婚と同じく当たり前のように尊重される社会になってはいないだろうか。

デフォルト：体

今では自分が痩せているかどうかを確認しようとはしない。胸を大きく見せたくて、締めつけるブラジャーをつけて泣くこともない。両腕を自由に伸ばせる服を着て、ずっと自由に暮らしている。これまで他の人が握っていた私の体の主導権をようやく取り戻すことができた。いよいよ自由になった体で、クレンジングシート一枚で消えてしまう権力の代わりに、もっと高みにあるもの。真の権力に向かって力いっぱい走り出す。

着飾ると気分がよくて

エス

私が小さな頃から母は、目が小さすぎるから二重の手術を受けなければならないと言っていた。指しゃぶりのせいで出っ歯気味で歯並びが悪いから、矯正まで併せてすればちょうどいい感じにきれいになるだろうとも。「二重の手術と矯正が必要」というのが、自分の見た目について初めて抱いた認識だった。大学受験が終わるとすぐに、母は私を整形外科に連れて行った。何も考えずについて行って、麻酔までするという言葉に怖じ気づいていると、母はいつかは自分に感謝するだろうと言っていた。

それから数年後に、歯の矯正をする。ズバリ美容目的だ。3年ほど毎月歯医者に通いながら、口の中を突っついて大小の傷をつけてくる矯正器具と戦い続けた。当時口の中は、流血事件が絶えない戦場だった。二重の手術と矯正をした私の姿を見て、親戚たちは「よくやったね」「きれいになったね」と言った。だが、かれらは二重でもなければ私より歯並びも悪いいとこの男の子たちには、何も言わなかった。

普段から見た目にはあまり興味がなかったが、自分の服や部屋に始まって友達が使っている文房具まで、目に入るすべてのものをより良いものに変えることには、大きな関心を抱いていた。母が家にいないときはこっそりパソコンをつけ、独学で覚えたPhotoshopで一生けんめいに自分のホームページを作ったものだ。そのうちデザイナーという将来の夢を抱くようになり——もちろん母は大きく反対した——毎晩ベッドの中で入りたい美術大学での自由なキャンパスライフを思い描きながら眠りについた。やがて入学することができた美術大学は、私が思い描いたままの風景だった。校舎は、いつも独自のスタイルでおしゃれした同期と先輩、後輩たちで賑わっていて、壁に貼られた作品の前で講評を待つ学生たちがずらりと並んでいた。廊下はまるでファッションショーのランウェイのようだった。

ヘアスタイルも、ヘアカラーも、さまざま。列を作って並ばせて、髪の毛で虹を作ることだって難しくなさそうだった。その中でも私は、「服が多い子」として知られていた。おしゃれが上手な子。とりわけ服が多い子。それが私への評価だった。

ほぼ毎日買い込んでいた服のせいで、部屋のハンガーラックが重さに耐えきれずに崩れ落ちたこともある。一度手に入れたものを手放せないタイプで、引っ越しのたびに業者から「なんでこんなに服が多いんですか」と言われていた。部屋の広さからしたら服の量が半端なくて、定期的に友達に服の入ったランダムボックスを売ることもあった。そのボックスには3万ウォン、5万ウォンと値段をつけて、それ以上の価値のある服をランダムに詰め込んだ。

それでも整理がつかず、同じような境遇にいる友達の何人かで、着ない服を処分するためのフリーマーケットを開いたこともある。そんな苦労をしながらも、私は必要のない服を買っては捨てることを繰り返していた。変わった服をまとって、その服にピッタリと似合う靴やバッグ、アクセサリーを選び、メイクやヘアまでしっかりとキメるのが楽しくてしょうがなかった。着飾った自分を見ていると、どんなときよりも手っ取り早く「気分がよくなった」。

社会人になって給料をもらうようになってからは、コスメオタクになった。服と同じように、化粧品を集め始めた。パーソナルカラーのセルフ診断でウォームスプリング（より正確にいえば、ライトスプリング）タイプなのがわかり、韓国製の化粧品では、自分の肌のトーンやイメージに合うものがないという結論が出た。結局は、韓国にない海外ブランドの化粧品まで買い集めることになった。日本限定のアイシャドウパレットが出たという話を聞くなり、旅行を口実に航空券を取ったこともある。

着飾り欲をそこで止められたらよかったのに、私は美容関係の会社に通いながら、徐々に「ダイエットで女神になった」というダイエット神話に慣れていった。興味がそそられた。虚弱体質だったために、生まれながらにして低体重の人生だった。しかし、女神という言葉は、妙に魅力的に聞こえた。人生で一度も食事制限や運動をしたことがなかったので、ほんの少し食事を減らして運動するだけで、あっという間に3、4キロ減った。アイドルみたいだと言われることもあった。友達とお酒を飲みに行くと、知らない男性から携帯番号を聞かれることも、言い寄られることも多くなった。友達はそんな私をうらやましがっていた。

「試しに一回ぐらいはやってみよう」と思って始めたダイエットだった。なのに、いつの間にか、ダイエットは私の人生の大きな部分を占めてしまった。「美容体重」を維持するために毎日運動し、一日に摂取するカロリーを計算し始めた。ボディラインが際立つ服を着るようになり、友達と一緒にフィラーやボトックスを打ちに行った。自分の体と顔立ちをいつもより気にし始めた。体の上から下までさりげなくチェックする男性を見ると悪口を言いながらも、内心喜んだし、みんなに褒められ、羨望の対象になることも悪い気がしなかった。周りの女性と比べれば、私だけが一段とアップグレードしている。そんな感じがして誇らしかった。はじめのうちは、そうだった。

だが、不思議なことに見た目のことを褒められれば褒められるほど、だんだん不幸になっていった。体重を絞って、施術を受けて、かろうじて手にした権力だった。だから、うっかりしてきれいな状態を維持できなくなれば、おいしい思いをさせてくる「ベストセラー商品の棚」から引きずり下ろされてしまうことはわかりきっていた。鏡の前に立っていると、体や顔の醜い部分だけが目につき、自尊心がぐんぐん下がった。なんで痩せながらも胸だけ大きくすることができないの？　それでも肩は細くてよかった、弱々しく見えるから。鼻はもともと高いほうだけど、もう少しつるんとしてほしいから、フィラーを打とう。ふくらはぎにボトックスも必要だな。

胸を大きく見せられるブラジャーをつけて出かけた日だった。ショッピングモールのど真ん中で、私は泣き崩れてしまった。胸を締めつけられすぎて、息がしにくくて、肋骨がひどく痛めつけられた。それなのに体にぴったりくっつく服のせいで、ブラジャーを脱ぎ捨てることもできなかった。いつもより食べ過ぎてしまった日には、自責の念に駆られて、吐き戻したくなった。

毎日新しい基準が生まれた。見た目だけが私の唯一の存在価値になりつつあった。
それで私は、基準を捨てることにした。

ハサミを持ってトイレに向かった。その瞬間を残したいと思い、動画を撮った（今でもときどきその映像を再生して見ることがある）。長い髪を一つに束ねて手に握り、ばっさりと切ってしまった。束ねた状態で髪を切ると毛先がギザギザしてしまうが、そんなことはもうどうでもよかった。今でも髪の毛が切り離されたときのあの興奮を忘れることができない。それから何ヶ月かもっと悩んで、耳のすぐ下まで髪を切りに行った。美容室の椅子に座ってからもしばらく迷っていたことが思い出される。

人生の半分以上、しかも寝ているときもつけていたブラジャーも脱ぎ捨てた。きれいじゃない太ももが隠せるという理由で手放すことができなかったスカートも捨てた。その代わりに、腰を締めつけないワイドパンツを買った。すると、膣炎が治った。

しかし、依然として化粧はやめられずにいた。しかも、髪をツーブロックにしてからもしばらくはメイクをしていた。いつも「かわいさ」を維持していた自分を覚えているはずの周りの視線が怖かったから。ある日、メイクを終えてから無意識に、「かわいく見える」表情を作りながら、夢中で自撮りをしている自分に気づいた。

「かわいい」から抜け出したくて髪を切ったのに、今度はまたメイクをしてかわいくなった自分にうっとりしている。このままでは髪を伸ばし、手のひらサイズの服を着ていた人形のような自分にまた戻ってしまう、という恐ろしさが自分に押し寄せてきた。友達と会うときは、いつもクロップドトップスとミニスカートでキメ、ロングヘアはセットしてフルメイクをした。そんな私が、ツーブロックにすっぴんの姿で友達との約束に出かけていった日、ようやく一皮むけた気がした。実際やってみると、何でもないことだった。むしろ殻を脱ぎ捨てて、本当の自分に戻ったような気さえした。

脱コルセット[14]をしてから引っ越しを2回したが、捨てても捨てても服と化粧品が果てしなく出てきた。リビングボックスの隙間、冬のコートの内ポケットなどなど。あらゆるところからリップ、ティント、アイシャドウが見つかった。アパートの衣類リサイクルボックスは「私の服だけでパンパンだったんだから！」なんて冗談が言えるほど、たくさんの服を手放した。「家にまだこんなものがあったの？」と、自分にはちっとも似合わないものにドン引きしながら、一つずつ捨てなければならなかった。

服は基本的に体を守って活動性を高めるためのものである。それなのに、私が着ていた洋服は腕一本まともに上げられず、腰も思うように屈めることができないものばかりだった。まるでラッピング材のようだった。捨てきれなかった化粧品は、脱コルセットの動画を撮りながら、壊して、ちぎって、粉々にした。それを全部並べてみると、自分の顔や唇に載せられただろうラメや色鮮やかなリップが、色とりどりの化学物質のようで、少しもきれいに見えなかった。

14　2018年韓国で10代、20代を中心に始まったフェミニズム運動。社会的、文化的に、女性が強いられてきた「コルセット」を取っ払おうとして始まった。詳しくはイ・ミンギョン『脱コルセット：到来した想像』（タバブックス）を参照いただきたい。

過去の私を振り返ってみる。自分を憎み、ダイエットして整形して、メイクとＰｈｏｔｏｓｈｏｐに執着させたものは、何だったのだろう。他の人から認められる人生は、まるで自分が力を持っているかのような錯覚をさせる。実際は「自分で自分を認めることができる力」こそが本当の権力だとは気づかない。見た目のような有限な資源しか持っていなかったら、そんなものはあっさりと自分の手からすり抜けていくはずなのに。

男は財力、女は顔、という言葉をよく耳にする。「売れ残ったら価値がない」と、25歳の女性はクリスマスケーキにたとえられて脅かされ、30歳になっただけで「付き合ってる人はいないの？」「きれいなうちに早くお嫁に行かないと」と言われてしまう。言いたいことは、女は年をとれば結婚できないというところだろう。だが、私たちが見落としていることがある。能力やキャリアは時間が経てば経つほど蓄積されていくが、女性の見た目という資源は、時間とともに消えていくということだ。

他人に認められる「かわいい」を維持するためには、絶えず底の抜けた壺に水を注ぎ続けなければならない。時間の経過にしたがって奪われてしまうものが、どうして財力と同等な価値として並び得るのだろう。私は毎日メイクをしては違う服を着ているのに、彼氏や同期の男たちは、たった何着かを着回して、毎日同じような格好をしていた。私は何時間もかけてメイクして、髪を整えているのに、彼らは約束時間の10分前に起きていた。見た目は権力ではない。

クレンジングシート一枚で消されるような権力は、権力ではない。

もうかわいいとは言われない。痩せているとも言われない。それでも前の人生と比べれば、とんでもなく自由で、幸せだ。今では自撮りを何十枚も撮って、もっと細く見せるためにPhotoshopで加工することもしない。写真を撮ったら撮られたまま観賞する。毛穴の黒ずみを隠すためのコンシーラーを必ずポーチに入れていた。しかし今では、大きな吹き出物があっても気にならない。過去の自分がメイクをしていないというだけでどこにも行くことができず、家の前のコンビニにすら帽子を被らないと行けなかったことを思い出すたびにびっくりしてしまう。彼氏がいきなり家の前に来たときのメイク術を調べる必要がなくなって本当によかったじゃないか！

目が小さくても、歯並びが悪くても、ふくらはぎが太くても、胸が小さくても、無理して笑わなくても、優しくなくても、私はただの私だ。その事実に気づくまであまりにもたくさんの時間がかかった。もっとたくさんの女性たちが自分をいじめることをやめて、ありのままの自分を大事にしてほしい。コルセットを脱ぎ捨てた人生は、これまでとは比べものにならないくらいラクなんだもの！　そうそう、もちろん健康はおまけについてくる。

脱獄の果ては、純正

エイ

高校1年生のときだった。私を見違えるほど大変身させてやろうという大志を抱いた友達に引っ張って行かれて、メイク、カラーコンタクト、ドライヤーとヘアアイロンを初めて経験した。服を何着も用意した友達は、どんなスタイルが似合うか、熱く、賑やかに議論し合った。しばらくして完成した私の姿は不自然で、どことなくぎこちなかったが、初めて耳にする賞賛の言葉に、「ああ、こういうのがかわいいんだ。かわいくなると良い気分になれる」と思った。しかし、友達の努力にもかかわらず、高校3年生になるまで、おしゃれに少しも関心が湧かなかった。見た目のことで唯一気にしていたのは、腰まで届く長い髪だった。

私が通った高校ではパーマとカラーは許されなかったが、長さだけは規制されなかった。それがなんと3年の2学期[15]に、卒業まであと数ヶ月というタイミングで、髪の長さについての校則ができてしまった。新しい校則通りなら、さっそく髪を短くしなければならなかった。なんてこった。私は自分の艶のある髪が大好きだったし、理由はわからないけれど母も気に入っているようだった。それに、休み時間になると、私の髪の毛をいじくって遊んでいた友達もいた。

あと数ヶ月だけバレずに通えれば、という思いで一本に束ねた髪を、体育着の中にうまく隠したまま逃げ回っていた。しかし、自分から名乗り出て髪を切ったか、切られた友達は、私の裏切り行為に目をつむってはくれなかった。結局、職員室に呼び出された。私の髪を死守したがった母が学校に電話を入れたが、ルールには例外などなかった。

どこかから反抗心が湧きあがってショートカットにしたものの、その後ひどく落ち込んだ。背中にあいかわらず長い髪がある気がしてならなかった。バスの中で誰かが椅子の手すりをつかむ際に髪の毛が一緒に巻き込まれて痛い思いをした記憶、風にそよぐ髪の毛の心地よい揺れ、偏頭痛がするたびに髪の毛の重さのせいで地の底まで引きずり下ろされるみたいだった、頭皮や首の痛み。そのすべての記憶が生々しかった。ほったらかしていたら勝手に伸びた、と思った髪の毛だった。それを私がどれだけ大事に思っていたか、そのときようやく気づかされた。

それからも手入れはしなかった。ふたたび伸ばしっぱなしとなった髪の毛は、大学を卒業する頃にまた腰まで届いていた。髪の毛がそれほどまで伸びる間に、着飾りに興味がなかった高校生は、アイメイクとカラーコンタクトなしでは、恥ずかしくて出かけられない大学生になっていた。

15 韓国の学校は3月から翌年2月までの間を2学期に分ける2学期制を採用している。

カラーコンタクトの一番良いところは、三白眼がごまかせることだった。睨んでいると誤解されがちで、いつも目がコンプレックスだった。だが、それはカラーコンタクトとアイメイクだけで、あっさり解決された。と思ったのも束の間。アイメイクをすると、肌のトーンがくすんで見えてファンデーションをつけることになった。ファンデーションをつけると、今度はクマとそばかすが気になってコンシーラーを塗る。肌のトーンが整うと、今度は鼻が低く見えてハイライトとシェーディングを活用して鼻筋をしっかり際立たせるような演出をした。そして肌の化粧が濃くなると、またアイメイクが薄すぎる気がして、まつげパーマをして、フィクサーを含めたマスカラを3種類も使うようになった。

　このようにして化粧を何重にも塗り重ねると、蒸し暑い夏には溶け落ちるし、乾燥した冬には浮いてしまう。それでメイクキープスプレーや化粧手直し用のクッションファンデまで買い足した。ヘアスタイルもしょっちゅう変えた。ナチュラルブラウンに飽きると、黒にそめ直し、保守的な学校に反抗するつもりで限りなく白に近い金色にブリーチをしてみたりもした。赤、青、緑、紫、カーキ、さらにはツートンカラーにすることもあった。やりたいことは、全部やり尽くしている。

　その頃、弘大（ホンデ）[16]にどっぷりとハマっていた私は、変わっているものや、自分だけがしていそうなものが好きだった。流行りもの、コーラル色のリップや薄ブラウンのアイシャドウを拒み、エメラルドグリーン、紫、赤のアイシャドウ、またはブラウン、濃い紫色のリップを使った。同じく、服も当時流行っていたテニススカートやポロワンピースを毛嫌いし、背中がメッシュになっている袖なしトップスや、クロップドトップスに足の露出が多いショートパンツを履いた。私は自分の体がすごく誇らしかったし、自慢できるところをさらけ出すことも、化粧と同じく自分の個性を表現する方法だと思っていた。

一種の反作用だろうか。19歳から始めた着飾り労働は、30代になってからすっかり面倒なものに思えた。不便な勇気の第一回目のデモに参加し、脱コルセットをしようと決心した頃には、特別な日でなければ露出があったり体を締めつけたりするような服は着心地が悪いからという理由であまり着なくなっていた。ラクなものを追い求めて脱コルセットを始めたケースだ。周りの人たちはメイクしたり、かわいい服を着込んだりしてキラキラと輝いていた。そんなかれらの中で着飾っていないありのままの姿でいるのが怖いという気持ちもあった。それで最初のうちは、周りを気にしながら自分だけのユニークなスタイルを追い求めているふりをした。

16　弘益大学のこと。美術系に強い大学で、大学の周辺はクラブやアートショップなどが多い。若者のカルチャー聖地になっている。

そのうち、着飾らずにすっぴんで出かけられるのも自分の個性として考えられるようになり、「メイクしなくても繁華街に出かけられるほどすっぴんに自信がある自分」を貫いた。いつもはゆるゆるのＴシャツとズボンといった格好で、おしゃれをしたい日は体を締めつけない長いワンピースを着た。ちゃんとした場所に行くときだけは、ボディラインがわかるほどぴったりくっつくレディース用のスーツを着込んだ。髪の毛はうなじにあるタトゥーが隠せるだけのできる限り短い髪を保つためにツーブロックのボブにカットした。端から見ればただ短いボブだが、髪を持ち上げればその下に3ミリの短い髪の毛が見える。中途半端な長さになった髪は、たびたび顔のほうに降りてきたし、あちこちに跳ね返った。毎朝、逆立つ髪の毛にはドン引きした。むしろロングヘアのままのほうがずっとラクだったかもしれないと思うほどだった。

しかし本来、脱コルセットはラクになるためにするものではない。脱コルセットは自分の人生の主になるという強い意志のあらわれであり、家父長制のもとで慣れきってしまった、選択される側でいることから抜け出すという宣言でもある。化粧しないこと、タイトな服を着ないこと、ハイヒールの代わりにスニーカーを履くことから得られる気楽さは、脱コルセットをすることでついてくるおまけのような効果に過ぎない。そのようにして脱コルセットとは何か、どうしてやらなければならないのかに気づくと、ようやく脱コルセットの基準は他の人ではなく、自分にあるという結論にたどり着くことができた。

それからも試行錯誤はあったものの、周りの目を気にしながら「ふり」をすることはやめられるようになった。あちこちに跳ね上がっていた髪をさらに短く切り、パーマをかけて手入れしやすくした。たまにしていた化粧も完全にやめた。単なる反抗心で髪を切ったときと違って、意味のある行動には鬱々とした気持ちや後悔は伴わなかった。

誰かに脱コルセットについてアドバイスを求められたら、夜明けまでいろいろな話をしたい気持ちだけれど、その中からどうしても伝えたいことを三つだけ選ぶとしたらまずは「やってみてほしい」、それから「自分のペースでやってほしい」、最後に「周りに脱コルセットを実践している人をたくさんおくようにしてほしい」と言いたい。一歩を踏み出せば、次の一歩、またその次の一歩は自然とつながってくるだろう。誰かは、まず髪の毛を切ったら自ずと似合わなくなるメイクと服を捨てることになるだろうと言う。また誰かは、まず服を変えたら自然と髪を切りたくなり、化粧をやめたくなるだろうと言う。もともと人生は選択の連続であるが、フェミニズムを知ってからは、より多くの選択肢が与えられるようになる。その中のどれが自分に合っているかは、進んでみなければ知る術がない。もしはじめの一歩、それからその次の一歩を踏み出したのに、何かがおかしいと思ったらまた戻ってくればいい。少しも難しいことはなく、誰にも責められはしない。自分を高めていきたいという気持ちで、絶えず学ぼうとする姿勢があるなら、見た目の変化は、自ずと訪れてくるはずだ。

ここで最も大事なのは、こうした変化は一度で完了するような「一日一回のクエスト」ではなく、人生を通してこれからも学び続け、実践していくべき「メインストーリー」であるということ。実際のところ、私はまだ服の整理を続けている。最初は服につぎこんだお金がもったいなくて、潔く手放すことができなかったけれど、衣替えをするたびに気持ちが離れたものから少しずつ捨てるようにしている。「信じられない！　私がこんなものを着てたなんて」と悲鳴を上げ、季節が一つ過ぎ去るたびに着なくなった服を少しずつ捨てながら、私の心も正しい方向へと進んでいくことを実感する。

この長い道のりを、始めることより維持することのほうがずっと難しいということを知っておかなければならない。自分がどうしてここまで苦労しなきゃならないかの理由を知らないまま、脱コルセットが解けない宿題のようになってしまったら、いつか手放したくなってしまうはずだ。スピードなんてどうでもいい。今正しい道を進んでいるだろうか、絶えず自分に問いかけながら、へこたれず、いや、へこたれたとしても気合を入れ直して、まだ進み続けられると自分を信じてあげよう。そうすれば脱コルセットを始めてから出会うたくさんの問題を解決していくエネルギーを蓄えることができる。自分に合うものは何かなど、はじめの一歩を踏み出すまではわからない。他人の経験を聞くだけでは、わかりようがないことだ。幸いにも、私は自分にぴったりな方向へとはじめの一歩を踏み出すことができたし、そのまま進み続けるうちに、友達を見つけることができた。

この険しい道には、友達など絶対いないだろうと思っていたのに、私よりずっと前にも、また横の道にも、誰かがいた。いくつもの分かれ道で散ってはいるものの、「一緒に脱コルセットをしている人がこんなにたくさんいるんだ」ということに気づいた。そのようなちょっとした気づきが、どれだけ大きな勇気を与えてくれたかを、できるだけ多くの人に知ってもらいたい。

ｉＰｈｏｎｅのユーザーの間では、「脱獄の果てには、純正あるのみ」という言葉が流行っている。脱獄とはスマホに必要な機能を追加するなどして好きなようにいじることで、そのうちに、セキュリティーが弱くなり、まともに作動しなくなるのだが、そんな危険を甘んじてでも脱獄した人たちが、ついには初期の「純正」の状態に戻る一連の流れをあらわす言葉だという。本来の状態でスマホが最も安定的、かつ効率的に動く、というのだが、私はもしかしたらこれが人間にも当てはまる言葉ではないかと思うのだ。人間は、ロングヘアをしていたり、まつげパーマをしていたり、アイシャドウやティントをつけたりした姿では生まれない。それなのに、女性たちは健康を害するかもしれないというリスクをのんででもハイヒールを履いたり、ウエストをきつく締めつけられる服を着たりする。女性は、生涯を通して使わなければならない体の健康と安全をあきらめてまで、世の中の美の基準に寄せた着飾りをしなければならないのだろうか。それが本当に正解なのだろうか。一度は立ち止まって、考えてみるべきだろう。

私は他の人より少し先に「純正」に戻ってきている。そして、他の女性たちにも、自分にも、自分が機能しなくなるというリスクを犯さずに、「純正」に戻ってきてほしいと声を上げている。いくらかっこよく着飾ったとしても、自分のありのままの姿が一番良いということを、この世の全ての女性に知ってもらいたい。また、残りの人生の間は、それまで着飾りにつぎ込んでいた時間を、自分に投資し、純正の状態で健やかに暮らしてほしいと伝えたい。

デフォルト：声

私の声は大きすぎても、小さすぎてもいけなくて、低すぎても、高すぎてもいけなかった。本当の私として生きるために、他人によって定められた基準を全部捨てて、生まれながらの声で話し始めた。すべての女性が自分にとって最も気楽な姿、ありのままの自分の姿を見つけられますように。それから、ありのままの自分を愛し、自由になれますように。

ロマンスなんか、虚像だ

エス

コロナ禍で家にいる時間が増え、NetflixやWATCHAなどの動画配信サービスやYouTubeのようなストリーミングサービスをいくつか利用するようになった。ごはんを食べるときや、週末の午後のような休みの時間にはコンテンツ探しの旅が始まる。しかし、ほとんどのコンテンツには、サムネイルからして待ったがかかる。どう見ても恋バナだろう、と予想がつくのだ。

ロマンス映画、恋に落ちた高校生たちの学園ドラマ、または恋愛リアリティショー……。どんなジャンルを選んでも、恋愛と結婚の話は必ず出てくる。このような「起承転、恋バナ」という現象は、映像作品に限った話ではない。「恋の曲を除いたら、聴く音楽がない」という冗談があるほど、音楽業界でも同じような現象が起きているのだ。これを機に、音楽ストリーミングアプリのトップ100から、愛がテーマではない曲を探してみようとして、すぐにあきらめてしまった。

もちろん、愛そのものはとても大切な感情であり、かけがえのないものである。愛は人間を人間らしくしてくれ、世の中を生きる意味がある場所にしてくれる。と思えるほど、私たちは愛のためにたくさんの投資をして、泣いて、笑う。生きていくための力を得ることだってある。愛とはこれほど大事なものなのに、どうして「愛」というと女性と男性の愛だけが注目されてしまうのだろう。

愛というキーワードで検索をかけると、ハートのイメージの次に多いのが、女男のカップルが手を握っていたり、ハグしていたりする姿だ。「Ｌｏｖｅ」で検索しても結果は同じ。どうせ世界各国のどんな言語で検索したとしても、結果は同じだろうから、自虐はこの辺にしておこう。言いたいことは、このようにして私たちは、知らず知らずのうちに恋愛の固定されたイメージに洗脳されているということだ。メディアは恋愛に途轍もない価値があるかのように描写し、そう思わせようとする。それを見ているうちに、恋愛に関心がなかったとしても、「それじゃあ、やってみる?」という気持ちが芽生えてくる。

当たり前だ。全世界で腕のある数々の作家、演出家、マーケターたちが、恋愛がどれほど甘いものかを宣伝している。またそこには、莫大な資本まで投入されている。恋愛への幻想を抱かずにはいられないだろう。

私は、女男のロマンス物語にはアレルギーがあると言っていいほど、一切見ないようにしている。しかし、そんな私でさえ、正直に言って、他のジャンルにそれとなく出てくるロマンスシーンに自ずと納得してしまうことがある。すぐに「あちゃ、やってしまった」と思い直すけれど。女性が登場して、恋愛や結婚以外のことをする物語を見つけるのが、どうしてこんなに難しいのだろう。女性は恋愛だけでなく、あまりにも多くのことをしながら生きているというのに！

恋愛ものを量産しているメディアを、小さい頃から感銘を受けながら見て育っていたならば、少しは違ったかもしれない。しかし、テレビがあまり好きではなかったためか、高校時代にも恋愛や彼氏のようなものにあまり関心がなかった。母校の隣には男子校があって、その男子たちは、ねずみ色の制服を着て、高い丘を登る私たちに「ブス！」「大根足！」と言ってくすくすと笑っていた。石を投げ込んでくることもあった。そんな男子たちを見るうちに、私は、一生男に近づくことはないだろうと確信した。20歳になるまでは。

大学に入ったばかりの頃は、同じ学年の友達と徹夜で遊び回るのに忙しかった。そんな18歳を通り越して現実的な悩みを抱き始めた20歳のときだった。周辺の友人たちにはみんな、彼氏がいた。そういう友達の中で私は「どこも悪くないのにどうしてか恋愛しようとしないよくわからない子」だった。付き合いたい人がいないのに、わざわざ誰かと付き合おうと努力する必要はない。それは少し考えてみただけでわかることだろうに、多数対少数でもなく、「全員」

対一人になると、不安になった。みんなの中に入りたかった。友達が男の話をしておしゃべりをしているとき、適当に相槌を打ちながら話に入ろうとするのならば、彼氏か、少なくとも男友達をめぐる話のネタでも持っていなければならなかった。そのためには、合コンの誘いに一度は乗ってみなくちゃ、という結論が出た。

そのようにして、22歳になってから男性と三度の恋愛をする。恋愛って一体どうすればいいの？と思って、友達に薦められた女性の利用者が多いネットコミュニティに入会し、当時最も人気のあった恋愛指南のサイトに掲載されている恋愛スキルを片っ端から精読した。彼氏に喜んでもらえるお弁当の作り方、愛される振る舞い、好かれる服装……。ネットには私が知らなかったいろいろな恋愛の仕方、いや、「愛され方」があった。それらに目を通していると、私だけが遅れているというのが如実にわかってきた。

恋愛上手な女性たちのように「やさしくて魅力あふれる彼女の役割」をうまく演じることができない自分を責めることもあった。恋愛サイトで見た「彼女としてやるべきこと」をメモ帳に書き留めながらちょっとずつ「愛される女」の演じ方を覚えていった。正常性に組み込まれたいという欲望が、自分を新しい人間に生まれ変わらせていた。それでも、三度の恋愛はいずれも成功しなかった。

「理想のタイプは？」

中高生は異性のことが気になってしょうがない年頃だ。そんな頃に、初めてこのような質問をされてじっくり悩んだ。私が下した結論は、「言うことをよく聞いてくれる男の子！」だった。このような返事をするたびに、男の前では絶対にそんなことを言わないで、と注意されたが、それでもそれは私なりに熟考して下した結論だった。女男の恋愛関係は、とりわけ女性に高いリスクが伴うように見えたので、「男らしさ」を備えた男の子たちからはよけいに脅威を覚えた。それで私は、背が低く、他の男の子とは違って大人しくて口数の少ない子を好きになった。中学2年生のとき、未成年時代に付き合った唯一の彼氏とは、相手の背がぐんと高くなり、声変わりが始まって早々に別れてしまった。

相対的に「穏やかで弱い」男性と付き合えば、ある種のリスクから自由になれると信じていた。それで私は、成人してからも本能的にそのような選択を繰り返した。大人になってから付き合った最初の彼氏は、華奢で、感受性が豊かで、繊細な性格だった。彼女に献身的で、共感力が高く、周りから「草食男子」と言われていた。しかし、彼は私と付き合っていた1年余りの間、何回か風俗店に出入りしていたとわかった。彼は別れてから3年が経っても「君のような女はいなかった」と言って、家の前に手紙を置いて行ったりメッセージを送ってきたりしたので、携帯の電話番号や家のドアロックのパスワードをしょっちゅう変えなければならなかった。出かけるたびに、家の前に来てはいないかという恐怖に震えた。

感受性が豊かな男性への偏見を抱いたまま、次は勉強のことしか知らない工学部生と付き合った。合コンで知り合った彼は、職場とジムと家を行き来するだけの誠実な生活を送っていた上に、職場もかなり良いところだったので、友達は「『ベンツ』[17]だ、長く付き合って結婚までしたほうがいい」と大騒ぎだった。確かに「誠実で優しい」彼氏だった。だが、彼は政治の話になると、女性家族部[18]からまずなくさなければならないとまくし立てたり、私がインターネットで見かけた男性による性犯罪行為について熱く語るのを聞いて「もしかしてフェミ?」と問い詰めてきたりした。

最後に付き合った三番目の彼氏とは、たったの3週間で別れた。彼は、そこそこイケメンだった上にファッションセンスも良く、女性たちに優しかった。大学では、「イイ男」と呼ばれ、人気が高かった。しかし、実際付き合ってみると、なかなかねじれた女性観を持っているのがわかった。ある日、部屋にある時計の電池交換を代わりにしてくれるというので自分でできるから大丈夫だと断ると、「そんなこと一人でやれるという女は、これまで見たことがない」と言ってすねてしまった。え? 一体今までどんな女性を見てきたわけ? 蛍光灯も自分で交換できると言ったら仰天しただろう。彼は、そんな軽作業を代わりにすることで、男としての自分の位を改めて確かめているようだった。

別れた日には、彼がチョコ味嫌いであることに私がうっかりしていたという理由で、道端で火がついたように怒り、私に手を上げようとした。ついに私も堪忍袋の緒が切れて、怖がりながらもちゃんと言い返した。おそらく彼の人生で、あそこまで怒鳴る女に出会ったことはなかっただろう。彼にとって女性とは、電池一つも自分では交換できない存在なのだから。彼は目の前にいる不埒な女をどうさばくべきかわからなかったようで、歩きながら絶えず悪態をついていた。私は急な用事で帰らなくちゃならないと言い訳をして、帰りの地下鉄の中で別れを告げるメッセージを送った。それ以来、私は友達との間で彼のことを「チョコ男」と呼ぶようになった。

そのすべての恋愛中に、私は「愛される彼女」になろうと努めた。
しかし、それは果たして恋愛と呼べるものだったろうか？

17　韓国の若者の間では、元カレより条件の良い男性と付き合うことが、「中古車のあとにベンツが来る」といって車にたとえられることがある。

18　国家行政機関の一つ。女性の経済活動への支援をはじめ、女性や児童への権益増進のための支援、青少年のセーフティーネット構築などの業務を担当する。

異性愛の恋愛は、かなり画一化された枠組みを持っている。女男の恋愛において求められる女性の役割は、次のようなものだろう。明るくて優しく、自己主張が控えめで男のプライドをあまり傷つけず、繊細に彼を気遣って、男から声をかけられたら一度は恥ずかしそうに断るって感じ。恋愛とは二人が同じ立場ですることだと知っているはずなのに、異性間の恋愛においては、いつも権力の偏りがあるように思える。

私は脅威にならないような、自分の安全が保障されそうな男性を選び、付き合った。選びに選んだ人と付き合えば、同等な立場で、自由な恋愛ができると思ったから。しかし、その予想は大きく外れた。これまで付き合った全員が「優しい彼氏」だと周りから言われていたが、そこには罠があった。彼らは間違いなく優しい一面を持っていたが、一生を男として生きてきたために、家を突然訪ねてくることが私にとってどれほど脅威になるのかを理解することができなかったし、女性が男性の力を借りなくても自分で何でもやれるという事実を不愉快に感じていた。女性が生きていく中で経験する被害を認めようともしなかったし、そのような問題提起に対して「お前ってフェミ？」という言葉で一蹴しようとした。危険な状況で恐怖を感じるのは、いつも弱い立場にいる私だった。そして何年かが経った今、私はようやく気づいた。男たちは、自分の権力が脅かされないという前提の上でのみ、女を「愛する」ということを。元カレたちは、彼女の代わりに電池を交換し、女性が体験する苦労に対してマンスプレイニングをすることで、自らの権力を確かめようとした。

私が恋愛サイトをのぞいて「愛される彼女になるための方法」を精読していなかったとしても、女性家族部の存在自体が逆差別だという彼の主張に片っ端から反論していたとしても、髪が短く、すっぴんで、ブラジャーをつけずに、彼らと何ら変わりない姿だったとしても、同じように「愛される」ことができただろうか？　良い選択ができたと勘違いしていた恋愛はどれもが、自由でもなければ、立場が対等でもなかった。これ以上私は、男に愛されようと努力したくもなく、彼らが望む——彼ら自身の権力を改めて確認するための——手段になりたくもない。

恋愛なんて、虚像だ。少なくともあなたが信じているその「平等で自由な」異性愛の恋愛は。

無害な陰謀

エイ

果たして世の中は愛を抜きにして回っていくだろうかと思うほど、誰もが恋愛に熱狂していた。高校生のときにアルバイトしていたファストフード店では、アルバイト同士が付き合っては別れ、また別の誰かと付き合うことを繰り返していた。そのうち、誰が誰と付き合って、いつ別れたかを把握しきれない状況にまで至った。テレビ番組は、女性と男性が互いのことをどうにか見つけ出し、付き合う内容ばかり。例えば、ドラマはほとんどが、逆境を乗り越える切ない恋の物語だったし、バラエティー番組では一人の女性と一人の男性をカップリングするものが流行った。競争で勝ち抜いた男性には、その報いとして女性をお手の物にできる権利が与えられた。同じような競争でかろうじて優勝した女性が行きつくところは、優勝した男性の隣の席だった。

大学に進学してからは、合コンで彼氏を作り、運命のような恋をしているという友達から、「エイも早く彼氏を作ってよ」とせかされた。ある友達は、女子大に進学して男と出会うチャンスがない私をかわいそうに思い、何度か男を紹介しようとした。とにかく出会いのない女子大の中でも、男探しは最もホットな話題だった。学科の代表は、「女子大生だからこそ、一度はやってみなくちゃ」と言って、他校の男子たちと合コンのスケジュールを次々と取りつけてきた。休みの時間には、黒板にＡ大学ａａ科3名、Ｂ大学ｂｂ科5名、といったリストを書き、参加者を募っていた。

平日のバイト先だったパスタ専門店では、二人の男性から興味を示され、週末のバイト先だったレストランでは、同じバイトの子から「エイに一目惚れした知り合いから一度会わせてほしいと頼まれたんだけど」と言われた。どこへ行っても、恋に落ちたカップルたちでいっぱいだった。まるで「恋愛しない者は、食うべからず」という標語でも貼りつけられているようだった。

そんな状況だったから、20代になってからもしばらくまともに恋愛を始めようとしない私は、変わっている子扱いをされていた。友達からは、「〇〇君くらいなら、いけそうじゃない？」と煽り立てられ、女の先輩たちからは合コンしてみないかとしょっちゅう尋ねられた。恋愛をしなければ「正常」という評価は得られなさそうだった。「早く恋愛を始めないとどこか問題のある子のように思われそう」という焦りが募り始めた。焦りに焦った私の初めての恋愛は、結局気持ち悪い感じで始まった。彼女がいるにもかかわらず、毎日私に愛の告白を続けてきた同僚が、「君のせいで別れたから責任を負え」というプレッシャーをさりげなくかけ始めたのだ。

本当に私のことが好きだったなら、私を責めるより、職場でその彼女さんとずっと顔を合わせることになる私の立場をまず考えるべきだった。別れと同時に元カノになったその同僚は退社し、まもなく私もその男と別れて退社した。好きだからという理由ですべてを正当化できるわけではない。自らの不適切な行動による責任を好きな人に負わせること、そんな押しつけがどうして可能だったのか、今でも不思議でならない。

愛という特別な感情についてほとんど考えたことがなく、私は出会った男性たちのやり方を素直に受け入れた。なるほど、これが好きってことなんだ。好きならこのように表現すればいいんだと思った。相手の胸の奥にある感情を推し量ろうとするより、相手のことが好きな自分の気持ちを表にすることに重きを置いた。特別な存在となった相手のために、自分をどこまであきらめられるか。これが私にとって、愛を表現する方法となった。

自分の魂が宿っているかのように大切にしていた髪の毛を、一夜にして短く切ったのも、愛の気持ちを強調したかったから。付き合い始めて数週間になる彼氏が、ショートヘアだった頃の写真を見て、それとなく「すごくかわいい。やっぱり俺の好みは、ショートカットなんだなあ。あ、でも、ロングヘアもかわいいよ!」と言ったのだ。

それまでの私は、髪が長かった期間のほうがずっと長かった。しかし、一つにまとめた髪をショート風に丸めてみて、ロングヘアではない自分には慣れない、ショートヘアの自分など想像もできない、と言っていた私は、すでにどこかへ消えていた。仕事が早く終わった日に、こっそり美容室に行ってきて、彼氏は今日もかわいいと言ってくれるかな、と浮かれていた自分の姿が、今思えばおかしくて仕方がない。

それからも、高いヒールを履いてほしいという人、フラットシューズを履いてほしいという人、ウェストがタイトな服を着てほしいという人、ポニーテールヘアが好きだという人、道を歩くときは必ず自分の左側に立ってほしいという人など、様々な人と付き合った。そして彼らの望む通りの恋をした。それは自分なりの愛し方だった。それでも「愛してる」という言葉だけは言わなかった。自分の見た目や習慣は無理なく変えられたのに、相手から一回だけでいいから言ってほしいと求められても、照れくさくてできないと言って笑い飛ばす。その言葉を口にしてしまえば、愛という名の下で求められる世の中の基準に自分を合わせなければならないような気がしたのだ。相手に拘束されたくないが、結婚はしたい。そのために、心の中で葛藤しながらも幸せではない恋愛を何度か繰り返した。

事情はそれぞれ異なったが、出会いと別れは同じように繰り返された。恋愛には必ず終わりがあって、終わりの瞬間には、いくら燃え上がっていた愛だとしても、誰よりも疎遠になるということを学んだ。自分を変えてみて、相手も変えようとしてみた。お互い変化して一緒に乗り越えようとがんばってみたが、結局終わりは訪れた。そのようにして何人もの人が私から去っていく間、いつもそばにいてくれたのは友達だった。友達は利害などにとらわれることなく、私と一緒に怒ってくれたし、ときにはしっかりしてと私を叱ってもくれた。もっときれいに、もっとステキに見られたくて、自分を偽る必要もなかった。「愛してる」と言わない自分をそのまま受け入れてくれる人、どちらの気持ちがもっと大きいかを気にしないで気楽に会える人、たまには他の人に打ち明けられない恥ずかしい本音が言える人、相手を他の誰よりも信じて応援できる人。私が心から愛していたのは、友達だった。

気恥ずかしくはあるが、友達には「愛してる」という言葉が自然に出てくる。たまには無意識で言って「愛してるだなんて！」と自分でハッとするときもある。元カレにはいろいろな言い訳を並べていたが、結局「愛してる」と言わなかったのは、愛していない存在に愛していると言いたくないという頑固な感情のためだったかもしれない。

数年前に行なわれたとあるフォーラムで、少子化対策についての報告書が発表された。その報告書の主張によると、韓国の女性は教育レベルと所得レベルが高くなるにつれて自分よりスペックが低い男性との格差結婚をしなくなった。それは社会問題であり、この問題を改善するためには文化コンテンツの開発が、「無害な陰謀」のレベルで、つまり大衆に害を与えない範囲内で、密かに進められるべきだという［韓国保健社会研究院のプレス資料、www.kihasa.re.kr/news/press/view?seq=1881］。つまり、高学歴で高収入の女性はお目が高いから、コンテンツ開発によって結婚と出産が女性の幸せであるように思わせ、自発的にその道を選ぶようにしなければならないと。

十数年前に流行したバラエティ番組やドラマにもはやときめかなくなった女性には、ちっとも通用しない話だった。この報告書には、少子化の原因をまともに分析できていない主張であり、女性を妊娠と出産の道具としか見ていないのではないかという批判が殺到し、当のフォーラムを主催した研究機関は、不適切な表現が使われたと認め、謝罪した。この一連の事件は、社会で女性がどのように認識されているかがよくわかる事例となった。

古い認識のままの人もいるが、いっぽうで変わっていこうとする動きも活発になっている。女性の変化とそれによる需要の動向に合わせて、最近のコンテンツは「恋人探し」に埋没していない。一番腕のある料理人を選んだり、自分の手で育てた食材でごはんを作って食べたり、女性同士でキャンプに行ったり、女性同士でスポーツをしたりする。実生活の中でも、様々なところで女性のための集まりやサービスが増えてきた。運動ができる1dayクラスの場合、激しくて危険だと言われる運動でも、女性同士で自分の体力に合ったクラスを受けられるようになった。女性のスタッフだけがいる住宅修理サービスや家電専門の清掃業者もできた。女性は一人でも、または何人かで集まれば、何でもできる。そんなことを多くの女性たちが証明している。

恋愛したり結婚したりしなくても、自分の人生を全うすることができる。そんな事実に繰り返し触れられたとしたら、果たして女の子たちは結婚だけを夢見ながら育つのだろうか。そんなことが気になって仕方ない。小さな頃に学校で将来はとくになりたいこともやりたいこともなく、良妻賢母が夢だと言っていた私が、もし女性一人でも楽しく暮らしていけるコンテンツに接し続けていたら、どう思ったのだろう。おそらく、自分がいつかは結婚することになるだろうと信じたり、結婚が一番重要だと決めつけたりはしていなかっただろう。

幸いなことに、最近の子どもたちに恋愛や結婚について聞くと、昔よりはうんと様々な答えが出てくるという。時間が流れて、次の世代が社会進出する頃になると、今よりも多様な女性が登場するコンテンツが盛んに作られ、そのコンテンツを見て育った次の世代、またその次の世代は、より良い世界を生きることができるだろう。その前に必要なのは、古い社会の規範と私たちの固定観念を打ち壊すことだけだ。

これまでのすべての記憶と経験を振り返ってみて、熟考した末に私は、この先の自分の人生がより良い方向に流れることを願いながら、恋愛をしないことに決めた。共感し合い、真の愛を分かち合えるたった一人の「連れ」を探すより、自分らしい姿を守ることが自分にとって大切になったためだ。他の人に使っていたエネルギーを自分に集中させ、自分を労わり、そばで私のことを守ってくれる愛する人たちと幸せに暮らしたい。私は自らの時間と心を費やしてしか気づけなかったけれど、他の女性たちはどうか経験せずとも知れるようにと願っている。

男の子に劣る女の子

エス

大邱出身の私が、大学入学後の飲み会で男の先輩からしょっちゅう言われた言葉は、「大邱なまりでお兄ちゃん（オッパヤ）と言ってみて」だ。私はその要求を、初めから真顔できっぱりと断った。操り人形でもあるまいし、どうして自分が愛嬌たっぷりの慶尚道[19]の女性を演じなければならないのだろう。何度も断るうちに、今度は気が強すぎて怖いと言われるようになった。素直に彼らの要望した姿を見せなかったからだ。

その後にドラマ『応答せよ1997』が人気になったこともあって、「オッパヤ」が聞きたくて仕方がない男子たちはますます増えていった。彼らの要求は、大学に通う間ずっとしつこく繰り返された。「大邱の女性はきれい」という俗なデマを広めるだけでなく、方言への幻想をも助長するメディアに苛立ちが募った。あんたたち、本当の大邱の女子高生を見たことがあんのかよ！と。

19　この地域の方言を話す女性は、メディアなどで長年のあいだ「かわいい」イメージとして表象されてきた。

成人してからソウルで出会った人たちは、私の変わったイントネーションを聞いて、ふるさとがどこかを尋ねると、慶尚道の方言の好き嫌いを遠慮なく伝えてきた。

「慶尚道の方言がすごく好きなんだよ。オッパヤって一回だけ言ってくれない？」とか「方言ってなまりが強すぎて怒ってるように聞こえるんだよね」とか。どちらの反応もあまりうれしくなかったが、そんなことより大事なのは、慶尚道出身の男はこのような言葉を聞かずに済むということだった。

もちろん「なまりが強い」と言われる慶尚道でも、女の子たちに向けた話し方や態度へのコルセットはある。小さい頃、母親に連れられて親の集まりに行くと、息子を持つ親から「娘は愛嬌もあって優しいからいいよね。うらやましい」と言われることがあった。紛れもない褒め言葉ではあったが、その言葉に込められた「娘は愛嬌があって優しい存在でなければならない」という前提が、私に疑問を抱かせた。それじゃあ、愛嬌がなくて優しくない子は娘じゃないわけ？

あの親たちの基準からすれば、はっきり言って私は、うらやましがられるような娘ではなかった。愛嬌もなければ優しくもなく、大人しくもなかったからだ。小さい頃の写真の中の私は、いつもあるはずのない腕の筋肉を自慢したり、胸を叩くゴリラの真似をしたりするポーズばかりだ。風呂から上がると、裸で家じゅうを走り回りながらベクターマン[20]ごっこをした。そのたびに母親は、「男の子みたいで先が思いやられるわ」と嘆いていた。

学校では、しょっちゅう先生から表情について指摘を受けた（誓ってもいいが、私は別に悪気があったり退屈そうだったりする表情をしたことがない）。高校の頃にはこんなこともあった。他の子たちと何の変わりもなくただ眠気をこらえながら授業を受けていただけなのに、英語の先生は私を立たせて「そんな表情をされて、楽しい授業ができると思うか？」と言った。もし私が男の子で、場所が男子校だったとしても、あの先生はそのような言葉を口にしただろうか？　何が「そんな表情」で、「楽しい授業」だったのだろう。いまだに知る術がない。

いっぽうで、「女の子らしく」「優しい」友達は、いつも褒められていた。学校の先生たちからも、近所の大人たちからも、行儀がよくてかわいいと、何度も何度も飽きるほど言われていた。なぜか私の周りにはそのような友達がとても多く、その子たちは自分の主張を強く言ったり大声を出したりしなかったし、他の人と自分の意見が分かれることを居心地悪く思っていた。それぞれの意見を言い合うことを負担に感じて、嫌なことがあっても断れなかったり遠回しに話したりした。そのような子たちと一緒にいることで、自然と私は自己主張が強いキャラに

20　韓国の特撮ヒーロー。

なった。誰かが言いがかりをつけてきたら倍返ししてやったうえに、友達が不当な扱いをされたとしても買って出てやり返してやった。私が友達を守らなくちゃ、という思いでやったことだが、大人になってから、ふとこんな疑問が湧いた。果たして優しいという褒め言葉があの子たちの役に立ったのだろうか。

女の子たちは、幼い頃からずっと話し方や態度への指摘を受ける。愛嬌を振りまくときも静かで大人しく、態度は爽やかに。そのような期待に応えて褒められたとしても、期待に応えられなくて叱られたとしても、自分の話し方と行動について評価を受けることになれば、女性の可能性は無意識のうちに制限されてしまう。自分の意見を話す代わりに、相手の気持ちを逆撫でしないように努め、もっとかわいく、やんわりと話す方法を学ぶ。社会が娘、すなわち女の子に期待するところは、このようにはっきりとしている。ずばり言って、女性は男性より道徳的であることを求められる。

小学5年生のときだった。昼休みの時間に友達と廊下で遊んでいて、壁にかかっていた額縁を誤って割ったことがある。担任の先生は、私の頬を何度も殴り、廊下で土下座させた。他のクラスの生徒まで集めて、「この子は男の子より劣る女の子」だとして、このように振る舞ってはならないと私をしつけのための見せしめにした。あれからかなりの時間が経った今でも、何も変わっていない。中学校で教師をしている友達から聞いた話によると、男の子たちが問題を起こすと「男の子であれくらいなら、まだマシなほうなんです」と言ってやり過ごすのに、女の子たちは少しでも間違ったことをすれば「女の子のくせになんで言うことを聞かないの？」と言われてしまう。

その結果、不思議なことに、顔の見えないインターネットの世界でも、話し方で女性か男性かがだいたい見分けがつく。女性は男性に比べて絵文字やクッション言葉などをたくさん使う。女性が多いコミュニティでは、「やさしく」言うことがとても大事になる。他の人と意見交換をするときは、「揚げ足を取るつもりではありませんが」で始まるクッション言葉で誤解を未然に防がなければならなくて、会話を終わらせるときは「ありがとうございました！　良い一日をお過ごしください！」といった感じで締めくくる。初めて女性の多いコミュニティの悩み相談コーナーをのぞいたとき、「彼氏がこんな行動をしてきたのですが、これって怒ってもいいことでしょうか？　それとも私が細かすぎるんでしょうか？」「これって別れの理由になると思う？」などの書き込みが本当にたくさんあった。他人の許可や同意を得て初めて、自分の感情に確信が持てる女性たちがいたのだ。そのとき、高校時代の友達の顔が頭をよぎった。

このようなことを書いている私も、実はあの女性たちと同じだった。大人になってから女性に求められる話し方と行動を徐々に学び始めた。久しぶりに会った高校の友達からは「ようやく女の子になった」と言われた。私はもう、写真を撮るときに筋肉自慢をするようなポーズをとらなかったし、以前のように自己主張もしなかった。その代わりに、大人しく座ってあごに手を添える「歯痛」ポーズをして、他の人の話にはだいたい同意するふりをした。

ネットコミュニティの女性を、また、自分自身を振り返ってみる。私たちは、女性たちは、あらゆることに気配りをする。申し訳ないと思っていないことでも謝り、自分のお金を払って買い物をしながらもやけに感謝をする。褒められたら、まず否定からしてみる。しかし、コミュニケーションを円滑に進めるために、相手に寄り添い、共感を示しながら話を聞くことと、過度に相手の顔色をうかがい、気配りすることはまったく異なることだ。それが本当に自分のためなのか、ただ自分の考えを口に出すことを妨げているだけではないか、一度は考えてほしい。女性は配慮も、謝罪も、感謝も、もっと減らす必要がある。

フェミニストたちは、家父長制の社会で女性に求められるこうした態度から抜け出そうと努力することを「内なる脱コルセット」と呼ぶことにした。その言葉を始めて知ったとき、私は自分がとりわけ変わっていたわけではなかったということに気づき、社会から望まれる女の子の姿ではなかった私が、これまで不便を感じなければならなかった理由を知ることになった。「社会的女性性」を遂行するために息苦しい仮面をかぶっていたが、初めて「女らしさ」から解き放たれたのだった。内なる脱コルセットは、その数も非常に多ければ難しくもある。数十年にわたって自分の中に蓄積されてきた、そしてまだ残っている男性中心主義的な視線と絶えず戦うことだから、難しくて当たり前だろう。私もときどき自分のどこかに隠れていた女性嫌悪を発見し、思わずびっくりすることがある。そのたびにそれを認知して変えていこうと努力する。こうして私は、少しずつ自分の言葉を取り戻している最中だ。いつでも自分の意見を堂々と口にし、カメラを向けられればありもしない腕の筋肉を自慢していた頃の、本当の私を取り戻しつつある。

フェミニストの、第一の徳目

エイ

私は生まれてから小学校に入学する前まで、田んぼ道をしばらく歩かなければたどり着かない山あいの、世帯数が少ない村に住んでいた。村から離れた理由も、小学校が遠すぎたからだから、どれほど辺鄙なところだったか見当がつくだろう。隣の家は、うちから車に乗ってでこぼこした山道を10分ほど進んだところにあった。その家には五人きょうだいが住んでおり、そのうち娘が四人だった。五番目にようやく男の子に恵まれ、それ以上の出産はなかった。四人の姉を持つ男の子は、偶然にも私と同い年だった。子どもが少ない小さな村において、同い年の子どもたちといったら、暇な大人たちの話のネタとしてもってこいだった。

大きくなったら結婚させるだのなんだのと暗に婚約までさせられた私は、その男の子には関心がなく、お姉ちゃんたちと遊ぶほうがずっと楽しかった。いつも優しくて大人っぽかったお姉ちゃんたちは、当時の母親でさえ手に負えていなかった私の面倒をよく見てくれた。私は不思議だった。その家には、私には一人もいないお姉ちゃんがなぜ四人もいるのか、お姉ちゃんたちはどうしてあれほどまでおとなびていて、早くに物心がついたのか。その理由は、大きくなるにつれて自ずとわかるようになった。

私が6歳になった年に妹が生まれた。下の子の面倒を見なければならない長女や長男は、何もかも始めるのが早い。私の場合、小学校の低学年から自分でラーメンを作り、ナイフで果物の皮が剝けるようになった。高校生からはアルバイトを始めた。

友達に会うときは、いつも妹を連れて行かなければならなかった。極めつきは、オタ活のときさえ妹を連れて行ったことだった。私は小学生のときから妹の面倒を見ていたのに、妹は小学生になっても幼くてわからないことが多いから、危ないから、と絶対一人にしてはおけないという。私にも自分の生活があるのに、両親に言われるがまま空気を読まずについてくる妹も憎かった。

成長するにつれ、母が長女である私に、友達や親戚との葛藤、職場でのトラブル、家計状況の厳しさなどについて愚痴をこぼすようになった。すると、私はすばやく母の肩を持って機嫌を取ったり、大きくなったらお金を貯めて家計を助けたいと強く思ったりした。思春期の頃、四方八方に飛び散る自分の感情に向き合う余裕などなかった。

娘を、家族内で感情を仲裁する人として、または家庭のサポーターとして考える家がある。そんな家庭で育った女の子は、やや重荷を感じながらも、自分に課せられた役割を担うことが最も平和な道であることを早くから受け入れるようになる。母親と感情の同化が行われている娘の場合はたいてい、すてきな場所に行ったり、おいしいものを食べたりする際に、後ろめたささえ感じることがある。その後ろめたさは、家族のために自分を犠牲にしている母親を抜きにして、自分だけがこんなに良いものを享受していいのだろうか、という疑問からくるものだ。娘はその後ろめたさを払拭するため、もっと一生けんめいに家族のことを思うようになる。リーダーシップを発揮して家族の身の安全を案じたり、家事労働が必要なところにいつも先に手を伸ばしたり、生活必需品がなくなる前に補充したりする。どんなに尽くしても、それを家族は「やっぱり娘が一番だ」と言って、当たり前のように受け入れた。

そのようにして家族内で定着した娘の位置は、社会でもそのまま引き継がれる。家の外でも同じように周りの人の面倒を見て、雰囲気を損なわないように見逃していることはないか、目配りする。サービス業に長く携わっていた私の場合、周りに目配りするだけでなく、会話をする際に相手の気分を害さないことがカギとなった。自分のドライな話し方をフォローしてくれる笑顔は、会話の際に必ずついて回った。

私は誰にでも親切な人、善い人にならなければならず、相手が親切でなくても自分から優しく接するようにした。このような振る舞いは、相手に私のことをむやみに扱う権利を与えるのと同じだった。多くの場合、無礼に振る舞っても笑顔で受け入れてくれる人や、少し無理な頼みをしても断れない人はなかなか尊重されにくい。善い人になろうとした努力が、実は自分を低く見せてはいなかっただろうか。自分を尊重してくれない誰かを、一方的に尊重するより虚しいことが他にあるだろうか。長女だから、姉だから、善い人だから大丈夫。そう自分に言い聞かせるうちに「私は本当にそのような人なんだ」と思い込むようになった。

家庭内での大小さまざまな責任に縛られて暮らすうちに、責任を負うことを病的に嫌がるようになった。学級委員長よりは学級副委員長、学級副委員長よりは係長、係長よりはただのクラスの一人でいることが気楽だった。誰かに頼まれたことを行い、その責任者から褒められて生きるのが、熾烈に生きるよりラクではないか。「仕事は私がやるけど、責任は誰が負う？」というスタンスで、大事なポストが空いてもすぐに誰かへと譲った。大勢の意見イコール自分の意見だと思ったし、討論は見るのもストレスだった。

いろいろ言い訳をして逃げ回っていたばかりの私が、変わらなければならないと思ったのはYouTubeを始めてからだ。その頃に、真面目な長女となることをあきらめたことも影響していると思う。もっぱら自分の責任であるYouTubeは、それまでのように逃げ続けられるものではなかった。責任を負うべきものに初めて正面から向き合ったとき、その重みに魂までも押しつぶされそうになった。一つ、二つ、結び目を解いていけば、自分のこじれまくっているところも解消されるだろうという漠然とした思いで、変化を受け入れ始めた。ミスを起こせば、「どこかへ消えてしまいたい」「全部あきらめたい」と自分を責める代わりに、解決方法を探すべく周りにアドバイスを求めた。日常を見せるのではなく、情報伝達の性格が強いYouTubeチャンネルを運営したのが役に立った。取り上げるテーマについての根拠を用意し、思考を整理しながら、自分の声を出す方法を見つけていった。

さて、フェミニストが備えるべき第一の徳目は何だろうか？　数々のことが同時に思い浮かぶが、何よりもまず、自分への確信を持つことこそがフェミニストにとって最も重要で、必要だと思う。自分への確信を持つことは、自分の知っていることが絶対に正しいという誤った信念を持つことではない。むやみに自分の考えを強要することでもない。自分の言葉や行動が、完全に自分の中から始まっているときに感じられる堅固とした力なのだ。女性が不便さに耐え、不当さを我慢し、自己犠牲を内面化することを願う社会だ。そんな社会で数十年間生きてきた以上、一気に自分の声を見つけて口に出すことは難しい。生まれて初めて挑戦することを上手にこなす人のほうが珍しいのではないだろうか。自分をなぐさめて、気長に待ってあげよう。私たちの前を歩き、走り、飛んでいく女性たちのように、いつか私たちも立派に飛翔するだろう。今日も私は、「責任感の強い長女」「頼れる姉」ではなく、私自身の声を出して生きていくことを誓う。

デフォルト：愛

愛のユートピアを夢見ない。自分の真の姿を捨てなければ維持されない関係から抜け出して共に楽しみ、互いの価値観を分かち合い、日常を共有し、女性同士の言葉で何かを創り上げられれば、それで十分だ。色濃く引かれている男性中心主義社会という線を越えて女性だけの感情と視線で作っていく関係が真の愛であり、新しい世界の始まりだ。さぁ、ここからが私たちの愛の始まりだ。

女たちが学んだ愛の流儀

エス

90年代生まれで、学生時代にアイドルに一度もハマらなかったという人がいるだろうか。おそらくそれほど多くはいないと思う。休み時間も、昼休みも、教室のテレビに自分が好きな歌手のミュージックビデオを競うようにして流していたし、机とペンケースの場合、二つに一つはアイドルと俳優の写真が貼り尽くされていた。いわゆる大手の芸能事務所から出てきた「メジャーグループ」には関心がなく、マイナー志向だった。しかし、大きなファンダムを持つアイドルの大ファンだったクラスメイトたちに強要され、そのグループメンバーの名前をすべて覚えなければならなかった。

韓国の学生時代は、多くの場合かなり過酷である。勉強ばかりを押しつける雰囲気、それから思春期の子の気持ちを尊重しないほとんどの親たち。そんな環境で育つと、ぶっちゃけ少しはっちゃけなければ耐えられない。学生たちに許された唯一の自由とは、何かにどっぷり「ハマる」ことだった。その最も手っ取り早い対象は、アイドルや俳優だ。私もそうだった。眠れない夜に、小さな画面越しの彼らと向き合っていると、それだけでも大きな慰めを得ることができた。

某グループの名前を言えば真っ先に思い出す子、クラスごとに必ずいる変わった子が、まさに私だった。オタ活は高校時代で終わらず、大学生、会社員になってからも続いた。大体のオタ活は、経験済みだと確信をもって言える。ファン・フィクションも書いたし、グッズ製作もしたし、ファンサイン会にも参加したし、大砲くらい大きなカメラも買ったし、公開収録に参加するために徹夜もしたし、普通のスケジュールのみならず全国ツアーの追っかけもした。

高校のときは、ネットで知り合った「オタクメイト」と一緒に、グッズを作って販売もした。予想を遥かに越える利益を得ることができ、２００万ウォン[21]という高校生としてはかなりの金額が通帳に入る経験をした。もちろん稼いでばかりいたわけではなく、その何倍もの金額をさらなるオタ活につぎ込んだ。高校時代は小遣いのすべてをＣＤとグッズ、雑誌などを買い集めるのに使ったし、大学生のときはバイト代を、会社員になってからは給料をオタ活という名目ですっかり使い果たした。エイと一緒に、面白半分で自分たちがオタ活に使ったお金を計算する動画を撮ったことがある。低く見積もってもひと月に１００万ウォンずつ、３、４年間は使い続けていた。

オタ活の文化は、時間が経つにつれて当たり前のものになってきている。私の学生時代には、活動しているアイドルグループは数えるほどしかいなかった。しかし今の雰囲気は当時とまるで違う。最近の韓国のアイドル産業は、国内だけでなくグローバルな市場でも名を馳せ、国を代表するものとなった。新しい市場を生み出すためのオーディション番組も盛んに制作されている。その動きとともに、ファンの年齢層も拡大している気がする。過去には「オタ活」と言えば、風船を振りながら熱狂したり、放送局の前で徹夜したりする10代のイメージが主だったが、最近は30、40代もＩｎｓｔａｇｒａｍに自分の「推し」を堂々と明かしている。

ほんの10年、20年前までは、オタ活は「隠れてすること」「子どもがすること」という認識が強かった。しかし、今は芸能人が好きだと言っても「子どもっぽい」だの「お調子者」だのという視線を向けられない。むしろオーディション番組の場合、会社でも「○○さんは□□番組での推しは誰ですか？」という風に、話題になったりもする。オタ活にどれほど熱を上げているかはさておき、ファン文化は日常の隅々に染み込んでいる。もはや無視することのできない存在感を放っているのだ。だが、過去に「オタ活にどハマりした人」としてあえて一言つけ加えると、私はそのような変化をあまりよく思ってはいない。とくに「女性のオタク」なら、積極的に引き止めたいという気持ちさえある。

21　20万円相当。

「風船を振りながら熱狂し」「放送局の前で徹夜し」「Ｉｎｓｔａｇｒａｍに自分の推しを堂々と明かす」というエピソードを読みながら、その行為をする人として自然に女性を思い浮かべてはいないだろうか。間違ってはいない。そのように積極的なオタ活をするのは、たいていが女性であるから。

　実際、女性と男性とでは、オタ活のスタイルがかなり違う。女優Ａと男優Ｂは、二人とも芸能人になる前にアルバイトをしていたことが知られている。Ｂが働いていた店は、Ｂを見に来た女子学生たちのおかげで売上が急増し、日当が2倍に増えただけでなく、毎月のボーナスまで受け取ったという。いっぽうでＡは、退職勧告をされたという。男子学生たちはハンバーガーセットを一つだけ注文して席を取り、ずっとコーラを無料おかわりするだけだったので、かえって店の売り上げが落ちたのだった。笑い話のようにも聞こえるが、実際のところ、主な消費層の性別によって、貢ぎ物（チョゴン）（ファンが芸能人にプレゼントをする文化）のスケールが大きく異なる。女性アイドルたちが男性ファンからお菓子セットやぬいぐるみを受け取るときに、男性アイドルたちは電子機器から億ウォン台のブランド品を受け取ることもあれば、タイムズスクエアに誕生日の広告がかかることもあった。チョゴンのためにファン同士で積み立てらしきものもするという。同じ歌謡オーディション番組でも、男性バージョンと女性バージョンとではファンダムのスケールや献身度で天地の差がある。

「女性の顧客は男性より忠誠心が高い傾向にあり、捕まえやすい」というのは、マーケターの間でも公然の事実となっている。女性たちは一度愛情を抱くと、無条件の愛を見せるからだ。周りのスタッフを気遣うなどの当たり前な行動をしても、「うちの〇〇は、やっぱり常識のある芸能人だよ」と褒めたたえるし、たとえ誤った行動をしても、改善した姿勢を少しだけ見せれば「やっぱりそうだよね」といわんばかりに感動の涙を流す。本当を言えば、このようなファンダム文化は「芸能人とファン」の関係というよりは、一方的な神格化に近い。

私は、自分が好きだったグループの誤った行動に我慢できず、オタ活をやめた。最初に好きだったアイドルは、幸か不幸か（なんらかの事件が起きていれば、もっと早くオタ活に終止符を打つことができただろうから）十数年ものオタ活をする間に、これといった物議を醸すことはなかった。しかし、その次に好きだったアイドルは、しょっちゅうドン引きするような言葉を口にしたし、ついには裁判沙汰まで起こした。驚いたのは、その一部始終を見たあとも依然として多くのファンが残っていることだった。自分が好きだった人の素性が明らかになったにもかかわらず、その実体を見ようとも、信じようともしない。そんなファンたちを見て切ない気持ちにもなったが、それより「何のためにそこまでするのだろう」という疑問が強く残った。自らが作り上げた神を信奉して、真実と向き合おうとしない。それはまるで堕落した宗教のようだった。

いっぽう、男性ファンは女性アイドルが「フェミニズム関連のフレーズが書かれたスマホケースをつけてる」とか、「『82年生まれ、キム・ジヨン』を読んでる」とか言っては写真を破り、アルバムを燃やして、ファンをやめることがあった。そんな彼らにとっては、オタ活での「献身」は珍しいもので、もっと若くてきれいなアイドルがデビューすれば、いつでも乗り換える準備が整っているのかもしれない。犯罪を起こした男性の芸能人が、「良い作品を作ることで罪を償いたい」というようなコメントを出して復帰しているのに対し、女性の芸能人たちは、性格をめぐる疑惑が浮上しただけで活動休止となり、謝罪文に誠意を込めているかどうかをチェックされ、絶えず批判の的になる。

もちろん、すべての女性と男性がそのようなオタ活をしていると言いたいわけではない。しかし、ほとんどの男性が徹底して女性の外見に重きを置き、コストパフォーマンスを重視したオタ活をする反面、女性は好きな対象ができれば「すべてを差し出して」しまう。「子育てオタ活[22]」という言葉まで生まれるほどだ。

女性たちはオタ活をすれば、基本的に自分が下の立場であることを自認し、自分の心をすべて「捧げられる」対象を選ぶ。はっきり言って、それは対等の立場の愛ではない。私は女性がそのようなオタ活に走ってしまう理由を、常に自らの存在を証明するように求められるからだと思う。男性は何もしなくても認められることに慣れている。むしろ自分が相手を評価する立場にいる。男性はそのようなポジションにいることに慣れているのだ。しかし女性たちは、自分を着飾ったり、お金を使ったりして「忠誠心」を見せることで、絶えず愛や関心をアピールする。そうしないと、自分の存在を証明できなさそうだから。誰かに愛され、認められてこそ、自分の存在価値を感じることができるのだ。

現在進行形でオタ活をしている読者にとっては、あまり面白くない話かもしれない。一度も減ったことのないチャンネルの登録者数が「みなさんの脱オタクを手助けします」という動画のシリーズをアップするやいなや、次々減っていったのだから。私もオタ活をしていたときにこのような話を本で読んだら、何も知らない人が勝手なことを書いていると鼻で笑ったかもしれない。

もちろん私は、オタ活を続ける人たちをおかしいとは思っていない。むしろ胸の中に他の誰よりも激しく燃えたぎる大きな炎を抱いている人たちだと思っている。ところが、女性のオタ活においては、その炎が自分を傷つけ、しまいには焼き尽くしてしまうことがほとんどだ。私は絶えず好きな対象を追いかけてばかりいたようだ。その「一方通行」のオタ活の中で、自分

22　子育て中の親が我が子にするように推しを可愛がることを意味する。

自身を見つけることはできなかった。そして今、私に残されたものはない。

「一度やったら一生オタク」と言われる。一緒にオタ活をしていた友達と久しぶりに連絡をとると、そのほとんどがまた新しいオタ活にはまっている。オタ活をすれば、自分の持っている欲望を思う存分吐き出し、注ぎ込むことができるからだ。これまでオタクじゃなかったことのない私が、人生で初めて何年もオタ活をやめている。そして今、自分は欲望をどこに吐き出しているだろう。

最初のうちは、落ちつかなかった。何かにずっと熱狂し続けなければならないのに、その対象がない。それで、絶えずハマれそうなコンテンツや芸能人を物色し、目が止まった対象にハマる口実を作って、写真を保存することからでも軽くオタ活をやり始めようと努めたこともある。そのような過渡期を経て、今はテレビを視聴するどころか、友達から山奥に住んでいるのかとからかわれるほど、どのようなアイドルがいるかさえ知らない。だからといって、本能的に持っている「オタクDNA」が消えたわけではない。何かにどっぷりハマろうとする欲望と情熱は、そのままだ。私は自分の好みを見つけようとし続けている。これまでは誰かから勧められるがままに熱狂するだけだったが、今は自分が本当に好きで楽しめるものを見つけようとしている。私は自分で思っていた以上に繊細で、敏感で、好みがはっきりしていることが、ようやくわかってきた。

最近は女性作家による女性の物語を見つけて、たくさん読んでいる。不思議なのは、主人公が女性であるだけでも、感じ方が非常に変わってくるということだ。女性を大事に思う他の女性が描いた話を読んでいると、あっという間に夢中になれるし、他の女性たちのことがちゃんと理解できて好きになる。当事者になったような気持ちで作品が楽しめる、そんなあたたかい気持ちと満足感は言葉では言い表せない。

そのようにして他の女性の声に耳を傾け始めると、驚くようなことが起きた。私が没頭する対象が、虚像としての何かではなく、私と私の周りにいる女性たちへと変わったのだ。ようやく自分の居場所を見つけた気がする。

女たちが心の中に秘めていた炎が、お互いの手を取ればもっと巨大な炎になる。一方的で孤立していた私だけの火花。今は他の女性たちとそれを囲んで座り、お互いの欲望について語り合っている。オタクメイトたちと推しについて騒ぐのではなく、友達と一緒に自分たちについて語る。最近ハマっている趣味、熱を入れているスポーツの種目、おすすめの飲み屋、面白かった小説、その日に頭にきた会社の同僚の女性嫌悪発言など、話のテーマは無限だ。私の炎は、今では自分を燃やさない。私と他の女性たちの間を行き来しながら、私を安全に、暖かくしてくれる。

私たちは自分たちのことをもっと愛する必要がある。自分と他の女性たちを。女性の欲望について考え直し、私たちだけの言葉で愛の定義を改め、上書きしなければならない。愛するときも、愛されるときも、自分を下げない。主体的で、健康な愛し方というものは、明らかに存在する。自分を愛する健康な女性一人ひとりが「私たち」を認識し始め、愛するようになったときに生まれるだろうシナジー効果と無限大の物語に期待している。「自分へのオタ活」をしてみようと、すべての女性におすすめしたい。

私は私のオタクになる

エイ

私とエスは、YouTubeにオタ活をやめようという内容の映像を、長々と3編にわたって公開した。二人とも芸能人を対象にしたとてつもないオタ活の経験者として、どんなことまでやってみたか、どう有害なのか、なぜやめなければならないのかについて語り合いたく、恥ずかしい経験までをつぶさに語り尽くした。無駄にしてしまった自分の資源をリアルに計算しつつも、面白い内容に仕上げて、私のような失敗をする女性がこれ以上生まれないことを願った。オタ活について改めて考えてみるきっかけにしてほしいと。

実は、当時のことは「そうそう、私ってオタ活にかなり熱心だったよね」と笑い飛ばせるちょっとしたエピソード、くらいに考えていた。しかし、撮影のためにオタ活に使ったお金をしっかり計算してみた結果、一年間に費やした金額は、ほとんど当時のチョンセ[23]の金額に匹敵した。はしゃぎながら楽しく撮影したが、その日の夜は少し胸が痛かった。もちろん、そのお金をオタ活で使っていなかったとしても、他のところに使い果たしていただろうし、もしすべて貯金していたとしてもチョンセで部屋を借りることはできなかっただろう。ただ確かなのは、意味もなく宙にばらまいてしまった私のお金と時間、気持ちは、取り返すことができないという事実だ。

とある対象、とくに男性芸能人に対する女性の盲目的な愛は、遠い昔の「オッパ部隊[24]」時代から見くびられ、呼び名が「パスニ[25]」に変わっても、軽んじられる風潮が続いた。今は誰かの

23　韓国独自の賃貸システム。毎月家賃を支払う代わりに、契約時に保証金としてまとまった金額を家主に預ける。家を引き払うとき保証金はそのまま返金される。

24　芸能人を「オッパ（お兄さん）！」と連呼するファンの女性に由来する、「追っかけ」を表す造語。歌手チョ・ヨンピルが全盛期を迎えていた１９８０年代ごろから使用されるようになったが、最近はめったに使われない。

25　「オッパ部隊」と同義で、より新しい言い回し。「オッパ」と、女性の代名詞としてよく使われる名前「スニ」を組み合わせた造語。

ことが好きな人を、パスニではなくオタクと呼び、かれらの行動は、オタ活という言葉で定義される。ある特定の対象が情熱的なまでに好きである、という本質は変わらないが、オタ活という言葉は単純に一つの対象やテーマに没頭するという意味で広く使われ、より軽く受け取られている印象がある。そのようにしてオタクにまつわるエピソードは、今や会社でも部長が会話のネタとして持ち出すほど日常に深く浸透しており、本や広告などいろいろなところで登場する。

初めて芸能人が好きになったのは、ファンがパスニと呼ばれていた時代だった。その頃、パスニは学校も、家族も後回し。世間知らずで、むやみにオッパを追いかけまわす女子を意味した。そしてその群れの中に、私がいた。私が生まれて初めてファンになった、つまり誰かにすっかりハマった瞬間が、数日前のことのように思い出される。

あの頃、私は毎日同じように学校に通い、ケーブルテレビで海外映画やドラマを見て、布団に入るだけの一日を繰り返す、平凡で穏やかな日常を過ごしていた。いつもと何一つ変わらぬ退屈だったある日、同じクラスの子からいきなり誘われて人生初のコンサートに行くことになった。うろ覚えだが、コンサートの日がかなり迫っていた気がする。どうやらその子は、何度かコンサートに行ったことがあるらしく、少しでも前の席を死守したいという理由で、夕方からのコンサートに始発で行って並ぶべきだと言った。

私は家と学校のある町から離れたことがなく、生まれて初めてその子と地下鉄に乗って漢江（ハンガン）を渡った。一度も出歩いたことのない時間に、公共交通機関に乗って通り過ぎる街の姿は新しかったし、誰もいない夜明けの静けさを破って通りを歩き回るのも、なんとなくわくわくした。女の子二人が朝から道をうろついているのをけなげに思ったのだろうか。それとも一緒に行った子の親しみやすいサバサバした性格のおかげだろうか。たまたまコンサートの撮影監督と親しくなり、与えられた番号より早く会場に入ることができた。

コンサートと言ったが、今思うとこぢんまりとしたところだった。江南のとある場所にある会場で、収容人数は１００人くらいだった。座席はなく、スタンディングのみだったが、場内が狭くてステージに高さがあったので、一番後ろからでも十分見えたと思う。インターネットも携帯電話もあまり普及しておらず、最新ＭＰ３の容量が２５６ＭＢだった時代だ。大衆文化にまったく興味がなかった中学3年生には、生まれて初めて訪れたコンサート会場がすごく立派に見えた。ドキドキする気持ちでコンサートの開始を待ち、いざ始まると、私はすっかり舞い上がってしまった。テレビでしか見られなかった有名人、舞台から伝わるエネルギー、楽しそうに熱狂している人々から噴き出される熱気……。開始を待つ間は慣れないムードに圧倒されて、周りをきょろきょろ見ながらもじもじしていたのに、始まるやいなや友達とはぐれてしまったことにも気づかずに、初めて見る人と肩を組み、楽しみ倒した。楽しみすぎて失神し、コンサートの途中に救急車で運ばれることになったが、今でも舞台演出のために噴射されるスモークの匂いを嗅ぐと、当時の心地よい震えが思い出される。

突然出くわした新しい状況に、なかなか興奮が収まらなかった。学校と家だけを行き来していた日常から抜け出し、特別な経験をした自分がとても素敵な人になったようで、また同じような強烈な感情を経験したくなった。そのようにしてアルバムを買い集め、ファンコミュニティとファンクラブに入会し、公開収録、大学の学園祭、ファンミーティング、サイン会、単独コンサート、好きなオッパたちがゲスト出演するという他の歌手のコンサートに通い、自分にできるすべてのことをやり尽くした。地下鉄で2駅離れている高校まで、毎日往復2時間歩いて移動し、浮いた交通費でプレゼントを買うほどだった。

自分が好きな対象について、なぜ好きなのか、どんなところが好きなのか、とものすごく些細なところまで共有し、共感し得る相手がいる。そのことがとても心強かった。新しく知り合った同じファンたちと好きなアイドルについて語り合っていると、すっかり夜が明けていることもあった。そのような幸せに毒されていた私は、自分がおかしくなりつつあることにも気がつかなかった。群れを成してソウルのあちこちを歩き回り、家族よりもよく顔を合わせていた友達につられて、これといった理由もなく家出までした。オッパたちに少しでも近づくためには、前日の夜から列に並ばなければならなかった。友達は徹夜しているのに、自分だけ家に帰らなければならないのが嫌だった。

同じ芸能人が好きだという理由だけで親しくなった間柄だ。その子たちは、スケジュールを追うことができた頻度、またつぎ込んだお金の額で、誰々の「愛」が一番大きいと判断し、うらやましがった。コンサートのチケットを買うために真冬でも路上で徹夜したし、3分間だけの公演を見にいくために、整理券を手にしようと始発に乗って放送局に立ち寄った。そのせいで学校に遅刻していながらも、私たちは、オタ活に熱心なだけで、おかしいことではないという安堵感を確認し合いながら、奈落へ落ちていった。

自己破壊的で激しすぎた初めてのオタ活。それは好きだった歌手の人気がなくなるとともに終わりを迎えた。私が好きになったときからすでにそれなりの年齢で、物議をかもしたメンバーもいた。自然と活動が先送りされ、ついには二度と戻ってこなくなった。いつまでも待つと言っていた友達が、一人、二人と去り、「Out of sight, out of mind」という言葉のように、結局私も忘れていった。それ以来、いろいろな歌手へのオタ活をしながら年齢を重ね、以前のように熱狂的な追っかけはしなくなった。制服を着て放送局の前で徹夜していた頃、私は通りがかりの大人たちから「年をとればこれも意味がなくなるよ」「大きくなったら芸能人なんか好きじゃなくなるよ」とからかうように言われていた。今では、その言葉通りの大人になっている気がする。

オタ活をやめれば、成熟した大人の世界が繰り広げられると思った。しかし、自分の気持ちを一方的に吐き出すだけの関係に慣れていた私は、相互にコミュニケーションを取る関係を難しく感じた。適切な関係の結び方がわからず、オタ活をするときのように一方的に気持ちを表現した。それは執着に近かった。執着する対象がない時期に耐えられず、恋人であれ、友人であれ、つねに相手の愛を求めた。友達が私だけを仲間はずれにして会ってはいないかと不安だったし、私が知らない話をされると死ぬほど嫌だった。自分の問題点について認識できないまま、対象を変えながらオタ活するように人間関係を結んだ。

対象を決めて没頭しすぎる習慣は、いつの間にか自分を少しずつ蝕んでいった。しかし、今思えば、オタ活から得た良い面もあった。私の場合、オタ活の一環としていろいろな画像や動画などを作っていたが、そのときに習得したＰｈｏｔｏｓｈｏｐとＨＴＭＬのスキルが、あとからかなり役に立った。オタ活で出会った友達の中には、これからも長く付き合っていきたいほど親しい子もいる。しかし、このような良い面があったにもかかわらず、私とエスは自分たちの黒歴史まで公開し、視聴者のオタ活を引き止めた。私たちがそうだったように、軽い気持ちで始めたオタ活が、うっかり自分より推しを優先してしまう自己破壊的なものへと進化しかねないからだ。推しなしで生きることが想像できなくなるほど、その対象が大切になり、自分の生きる理由だとまで言う人もいる。人生で自分より大切な存在がいる。果たしてそれは、正しい人生なのだろうか。

何かにどっぷりつかった私を言い表せるオタクという言葉ができたのはいいが（どこがどう好きだといちいち説明するより、「私ってこれのオタクです」と言うほうがはるかに簡単だから）、自分の身を削るような方法でオタ活をするファンは、依然としている。技術が発展し、より多くのコンテンツとグッズが作り出されている。ファンの通帳は、あまりにも効果的に、空っぽになっていく。これくらいなら大丈夫だろう、という軽い心で始めたオタ活が、自己破壊という大きな罠の前に吊るされたおとりではないかとよく見極め、自らをちゃんと世話しなければならない。

私はオタ活によって覚えた、ハマっては冷めるという生き方を続けるうちに自分自身を見失ってしまった。自分の関心事や好みではないものに関心を持ち続けた。推しの長所をたくさん覚え、友達の意見がそのまんま自分の意見になり、彼氏の好みに私を合わせた。そうするうちに、現在を生きている自分の好みは、次第にぼんやりとしていった。不健康な時間が過ぎ去り、自分は一体何が好きなのか、どんなことが得意なのか、自分好みのコーディネートをするためにはどんなファッションアイテムが必要なのか、といったことさえ考えられなくなっていた。そんな簡単なことすら思い浮かべることができず、自分を取り戻すためには変わらなければならなかった。

私は得意なやり方で、「関係中毒」から抜け出した。あまりにも陳腐な方法だが、まずは自分自身を愛することから始めた。自分へのオタ活をするのは、思ったより難しくなかった。すべてを自分中心に考え、行動した。コンビニに行って推しが好きな飲み物を選んで、同じものを飲むことに意味を見出し、幸せを感じていたが、今はちょっとした飲み物を買うときさえも、自分の好みで選んでいる。推しについて知りつくすべく血眼になっていた頃のように、私にどんな長所があってどんな短所があるか、またどんな天気が好きで、一番好きな音楽は何かに関心を持てばいい。

他人に気を遣い、心配するのではなく、自分自身に気持ちがどうかを尋ね、関心のベクトルを自分に変えれば、たとえ他の人を好きになっても、人生の中心にいる自分を守ることができる。私の場合、脳の中で他人が占めていた部分を自分に変えることが最も効果的だった。このような変化を経て、好きなものにエネルギーを使う方法を、依存しては冷めることを繰り返すのではなく、責任を持って関係を持続していく方向にだんだんと変えていった。

ふだん使っているSNSのアカウントのパスワードには、好きだったメンバーのニックネームが含まれている。口座の暗証番号は好きだったメンバーの誕生日だ。しかし、もはやそれには特別な意味はない。好きだった気持ちは消え、使い慣れた暗証番号が残っているだけ。なんとなく使っていて、ふと「あ、そうだ、これってあのメンバーの誕生日だったよね？」と思い出し、すぐにまた気を引き締める。

今は昔のように他人の一日を知りたがったり、好きな人の嫌な面を見てがっかりしたらどうしようとびくびくしたりしない。他人の幸せより、自分の幸せを優先する私に満足しながら生きている。そうするうちに、自分をより深く知ることができたと思っていたが、依然として新しい姿を発見し続けられて退屈する暇がない。このようにして、今日を生きている。私は私のオタクになる。

正反対に惹かれる理由

エス

誰かに人生のターニングポイントがいつだったかと尋ねられるなら、私は迷うことなく2019年だと答えると思う。エイと出会い、「ホンサムピギョル」という名前で声を上げ始めた年だからだ。「ホンサムピギョル」は、「非婚女性のためのクリーンなチャンネル」というスローガンのもとでスタートしたYouTubeクリエイターコンビだ。ここ数年、韓国で強く吹きつけているフェミニズムへの追い風と共に、非婚というキーワードも浮上している。私たちが家父長制のメカニズム、非婚、フェミニズムのイシューについて説明した映像は、いろいろなところでスクショされたり引用されたりして、今の世代のフェミニストにホットな話題を説明する資料として使われている。

「非婚」という言葉は、韓国と日本にだけ存在する。外国ではこの言葉を自国の言語に翻訳することができないそうで、非婚という現象は非常に興味深いと思われている。私たちは韓国の非婚ムーブメントを代表する人として、BBCやブルームバーグ、ABC、ザ・エコノミストなどでラジオやドキュメンタリーに出演したり、記事で紹介されたりした。

この本では、ホンサムピギョル関連の思い出について、それぞれの視点で書いてみることにした。なので、これを書いている今も、エイがどんな話を書くのかとても気になっている。ホンサムピギョルを始めて4年目を迎えた今、私たち二人の関係は「正反対に惹かれる理由」という言葉がぴったりな気がする。

チームメンバーは、私とエイだけ。コンテンツの構想からゲストへの連絡、資料のリサーチ、映像編集まですべてを二人で行っている。私たちにはお互いしか頼れる相手はいないので、何かを決めようとすれば、二人で数々の意見交換をせざるをえない。しかし、その二人の性格が、あまりにも違いすぎる。エイと会話をしていて、今でもここまで違うのかと噴き出してしまうことがしばしば。どう説明すればわかりやすいだろう。近年は職場でもよく話題に上がるらしいMBTI診断[26]で簡単に説明するとすれば、私はINTPでエイはENFJだ。Nの一字以外すべて違うことからして、まるで違うとわかってもらえるのではないか？

チャンネル登録をした人たちも、ことあるごとに意見がすれ違う私たちのことを面白がってくれた。それで面白い動画になるだろうと思い、MBTI診断による反応の違いを映像に収めてみた。すると、本当に一問たりとも、同じような答えは出なかった。例えば、「無人島に漂流したらどうする？」という質問に、エイは「あちこち歩き回ってみる」と答え、私は「文章が書けそうな道具を探す」と答えるという有様だった。また、私は人間関係が狭くて深い反面、エイは（本人の話によると）広くて浅く、ずばり顔が広いタイプだった。私は理性が先に働き、感情の変化もあまりないタイプなので、周りからロボットみたいだと言われることがあ

26 韓国で流行っている性格類型テスト（Myers-Briggs Type Indicator）。心理学をもとに、16のタイプに診断する。E（外向的）とI（内向的）、N（直観重視）とS（感覚重視）、T（思考重視）とF（感情重視）、P（知覚重視）とJ（判断重視）を組み合わせることで性格を把握する。

るが、エイは人が大好きで「レトリバー」というあだ名を持つ。周りの人たちによく共感を示すので、はたから見ると何がそんなに面白いのだろうと思うほど、よく笑うし、エネルギーにあふれている。その上、仕事をするときも、私は計画的ではなく、頭に浮かんでくるアイデアをとにかく言ってみるタイプだが、エイはまず計画をしっかり立て、その通りに行動するタイプだ。そのため、私の溢れ出るアイデアによって計画がしばしば変更されると「ストップ！」と叫び声を上げることが多い。

二人の間で「合わない、全然合わない」という言葉が流行っていたほどだ。そんな二人がずっと同じチームで活動できた理由があるとすれば、その違いが意外にもメリットとして働いたからだと思う。息ぴったりで、互いのことをよく理解している友達同士だったなら、意見の衝突にひどくがっかりしてしまうこともあっただろう。だが、私たちは骨の髄まで違うことを互いにあまりにもよく知っていたので、意見がぶつかれば「やっぱり違うんだね！」とどちらかがさっと譲る流れとなる。先に声をかけたり、連絡したりするのが苦手な私とは違って、エイは9回失敗しても10回歩み寄っていくタイプなので、バランスが良い（そういうところにいつも感謝している）。また、同じイシューを別の視点から見ているので、相手が見逃しているところを補うことができ、さらに奥行きのある映像を作る上でも役立つ。

関心が集まるにつれ、YouTubeコンテンツだけでなく、私たち自身についても興味を持たれるようになった。中でも、二人は元々友達だったのかという質問が最も多かった。その答えは「元々」の基準をどのように考えるかによって変わるだろうが、古くからの友人を意味するのなら、ブブーッ！　不正解だ。私たちは、2018年10月に知り合った。だから、YouTubeを始めた頃は、せいぜい知り合ってから4ヶ月余りの、相手のことを知っていく段階の友達だった。ただ、エイはそのときから、私のことを親友だと思っていたそうだ。それを聞いて、チャンネル登録者たちは驚いていた。私たちがすっかり仲良く見えたために、少なくとも十年来の友達だと思っていたという。

出会って4ヶ月しか経っていないのに、一緒にYouTubeを始めるなんて！　今考えても、やはり当時は何かに取り憑かれていたに違いない。誰かと何かを一緒にする上で最も大事なものは、信頼、価値観、性格だと思うが、当時エイについて把握していたのは、紫色と人間が好き過ぎるということと、フェミニズムに対する価値観が通じるということくらいだった。いずれにせよ、一つは自分とぴったり合っているから、それなりに良い相棒だと思った。ある意味、特別な使命感を持ってYouTubeチャンネルを始めたわけではないために、あり得た決定だった。

私たちは同年代で、価値観が似ている。しかし、いざ話をしてみると、違いも多く、ディベートになることが多かった。元々リアクションが大きくて口数の多いエイと、無口だが関心のあること限定でおしゃべりになる私。エイはそんな私の話をよく引き出してくれた。二人はお酒一杯だけで、気づけば2、3時間話し込んでいることもあった。

とにかく私たちは、言いたいことが多すぎた。そのように一緒に飲んだ酒とコーヒーが数十杯にもなった頃、私たちの会話は、「結婚は正気の沙汰ではない」とか「非婚をしなければならない」とかでは終わらずに、さまざまな統計や理由、事例で肉づけされていった。それはどのような話題からアプローチしても同じ結論に落ち着く、一つの完成した理論だった。女性の物語は、自分で記録していかなければ忘れられたり、蔑視されたりしがちなので、私たちは自分たちの話を、いかなる形であれ記さなければならないと考えた。考えだけが先走って、後回しにすることの第一人者である私も、今回だけは手っ取り早く実行しようと奔走した。とりあえず〆切を決め、YouTubeチャンネルの開設を終わらせた。早くしゃべりたくて口がウズウズして我慢できなかった。

エイとYouTubeチャンネルを一緒に始められてよかったと思った。口数が多くて話し上手な人がいるから、撮影中に映像の尺の心配をしなくてもいいだろうと考えたのだ。ところが、本番の撮影が始まると、意外な問題が起きた。エイは、自分でもそれまで知らなかったそうだが、カメラ恐怖症だったのだ！　初めての撮影で、エイはもう3年も使ってきたデジタルカメラに人見知りをするかのようにども り続け、10分の映像を撮影するのに3時間もかかってしまった。私の役割は、エイのそばで「上手だよ」と勇気づけ、待つことだった。

逆に私は、いざ本番に入ると別人のようになった。自分でも知らなかった新しい一面だった。映像の中の姿は、普段の私たちとは正反対だと思えばいい。普段無口で淡々とした私を知っている人なら驚くはずだ。

誰かがしなければならない話であり、同じ渇きを感じていた女性が多かったのだろうか。幸いにも私たちの映像は、当初から反響があった。最初は「記録するついでに他の女性にも見てもらいたい」くらいの気持ちで始めたが、登録者からこのチャンネルで癒やされ、他の女性たちとのつながりを経験したという声が寄せられるようになった。徐々にプラットフォームとしての機能を果たし始めたのだ。私たちは、もっと多くの女性がこのチャンネルを通じてつながり、社会で耐えられる力を得てほしいという考えに重きを置いた。そのためには、オンラインからオフラインへ、実体のある持続可能なつながりへの転換が必須だった。

２０１９年の秋夕には、女性たちが料理などのストレスから抜け出して、楽しく遊び、新たなコネクションを作れるような場を企画した。その名もオフライン節句ストライキ。地域別、職種別に座ったテーブルでは、会話が絶えず、参加者たちはその後も地道に連絡をとり合っているという。訪問先で私たちに気づく人が増え始め、一生忘れられないたくさんの感情を覚え、さまざまな経験をした。もちろん、悪い意味でも絶対に忘れられない感情を経験した。

一生顔を晒す商売をするのでない限り、職場の同僚に見つかるのではないかという心配をつねに抱いて暮らすしかない。もしアルゴリズムによってかれらのＹｏｕＴｕｂｅに私たちの動画が表示されたらと想像すると、めまいがすることもある（それはそうだ。私たちは平凡な会社員だから）。なんでもない日常を記録したＶｌｏｇだって職場の同僚たちには知られたくないものなわけで、私たちの動画はテーマがテーマだけに余計に心配になった。以前なら「まあ、チャンネル登録者数も多くないんだし、まさか気づきっこないだろう」という気持ちで道を歩いていた。ところが、男性の利用者が多いサイトでアカウントが晒され、集中攻撃を食らってからは、道端で誰かが私に気づくこともあるかもしれないという気がしてしまう。それから数ヶ月間は、道を歩いている男性や職場の新しい男性アルバイトにじっと見つめられると、「もしや?」という思いでびくびくしたりした。

あのときを思い返すたびに、「フェミニズムがどうしたっていうの！　なんでこっちが怖がらなくちゃいけないの?」とむっとなって顔色を変えることがある。しかしいっぽうで、動画にコメントがたくさんついたり、再生回数が数十万回を越えたりした日には、十分に喜ぶことができずに「小心モード」になって戦々恐々とすることもある。

幸いにも、このようなことが起きたときにも、私と正反対のパートナーの存在が大いに役に立つ。評価や攻撃に敏感な私とは違って、話半分で聞いてすぐに忘れられるエイは、私がさらに敏感になることを防いでくれる。そんなときは、普段二人が合わなくてギクシャクしていたことも忘れ、私の短所をカバーしてくれる素晴らしいパートナーがいるという事実が限りなくうれしい。

今、私たちは忙しく突っ走ってきた日々に待ったをかけ、しばらく休みの時間を持つことにした。どんな活動にも休みは必要である。社会的なイシューに対してみんなの前に立たなければならず、報酬が伴わない活動ならなおさらだ。

「大義のために先頭を切って声を出すなんて、本当にすごいです」と言われることが多い。結果的にすごいことをしているとは思うが、すでに言ったように、その動機は全く大げさではなかったため、このような評価にはいまだに居心地が悪い。

ホンサムピギョルを知っている人たちは、私をエスという人間である以前に非婚活動家「ホンサムピギョル」だと認識する。顔を晒してフェミニズムを主張する人がそれほど多くないために、私の言った些細な言葉でも政治的機能を果たすことがある。それにより使命感なるものが、いつの間にか私の肩にのしかかるようになった。負担は自ずとついてきた。ひょっとしてライブ放送でうっかり言った言葉に悪影響を受ける人はいないか、一つひとつチェックするようになった。私個人への批判がチャンネルへの不評へとつながりかねず、初対面の人に会うときは行動に気をつけるようになった。

私は特定の人がある集団を代弁し、指標になることを警戒する。一個人がある集団の代表になることはありえない。人間はさまざまな面を持つ立体的な存在だからだ。だから私はこれからも自分の進む道に、特別な使命感を抱かないつもりだ。声を上げ続けるためには、私はただの一個人にすぎないという感覚を持ち続けることが大事だ。誰かにやらされたわけではない。私が選んだだけ。ちょっと難しい道であることは知っていた。が、仕方ないじゃないか、私の足はすでにその街角の前にあって、私の口はムズムズしているのだから。

誰かは「本当にムチャだな」と思うかもしれない。挑戦よりは安定を期待するようになる年頃で、一寸先も見えない道を歩んでいるのだから。しかし、「もうしーらない」という気持ちで突き進めてみようと思う。今すぐやるべきことをして、今すぐ言いたいことを声にすること自体に意味があるのだから。私たちの声を記録するために、そしてその記録が過去の私たちと同じ悩みを抱いている誰かの役に立つなら、という気持ちでホンサムピギョルを始めたように、この本もぜひ必要な読者に届き、癒やしと気づきを与えられれば。正反対だからこそさらに光を放つエイと私の相性を、これからもずっと発揮できることを願う。

建設的で、過酷な関係

エイ

幼い頃から自分を隠せる場所が好きだった。誰も私を知らない空間では、暗い記憶や生活の苦しさなんて存在しなかったかのように振る舞えば、みんなが私の話に笑顔で耳を傾けてくれた。ネット上の自分は、匿名性に酔って誰かに被害が及ぶような嘘をついたり、違法行為をしたりはしなかったものの、現実での自分よりなぜかイケている感じがしたし、自信に満ちているように見えた。その匿名性を守ろうとして、定期的にニックネームを変え、自分の痕跡を消した。そんな私が顔を出して動画を作り、文章を書くことになった。ＹｏｕＴｕｂｅに残された動画とこの本に書いた文章が消えずに、回りまわって未来の自分にどんな影響を与えるかは知る術がない。それでも、私は始めた。一人でなら想像すらできなかったことだ。それなのにこのような活動を一瞬にして可能にしてくれたのは、私と目指すところが同じで、そばに一緒にいてくれる仲間ができたことだった。

２０１８年の秋は、いろいろな意味で特別だった。不便な勇気デモをきっかけにして、私にフェミニズムの波が本格的に訪れたのだ。結婚主義者から非婚主義者に変わり、我が家の末っ子、犬のピーナッツの里親にもなった。エスに会ったのもその頃だった。

不便な勇気デモに参加して以後、180度変わってしまった自分の考えを分かち合う相手が必要になった。それでいろいろな集まりに遠慮なく顔を出しまくった。そんなときに参加した集まりには、「おしゃべり好き」気質を思う存分発揮しながら、あっという間に慣れていった。さらに、ブルドーザーのような勢いで自分でも別のコミュニティを作ってみた。週に三つ、四つの約束があった。しゃべることの喜びを生きがいとするおしゃべり好きには、友達との価値観の違いで、言いたいことが言えない期間が本当につらかったようだ。夜が更けるまで、眠ることも忘れてさまざまなフェミニズムの話題について語り合い、朝になって目が覚めるとすぐにまた語り始める日々が続いた。

一日に2、3時間しか寝ずに、何をそこまでして言いたいことがあったのだろうか。少しでも席を外せば、話の流れに追いつけないほど議題は豊富だった。エスと会ったのも、当時参加していた集まりでだった。エスはおしゃべり好きの勢いに押しつぶされそうだと言って大変そうにしていた。その日に撮った写真を見ると、エスは本当に気が抜けたかのような表情をしている。

毎晩続いた有意義な会話を、自分たちの間に留めておくのはもったいない、と思った。その頃、周りではYouTubeチャンネルを作って、短い動画でもアップしようという話がじわじわ出ていた。そんな流れに遅れを取るわけにはいかない。私は何をアップすればいいか、一人で1、2ヶ月ほど悩んでいた。

「顔を出すのは絶対ダメ。真面目にフェミニズムの話をするのではなく、非婚の日常Vlogでもたくさんアップしようかな。中国茶が好きだから、中国式茶道についての動画をアップしてみるとか？　それともフェミニズムの本を紹介するチャンネルもいいよな」

やりたいことが頭に浮かぶたびに、YouTubeで検索してみた。どの分野にもすごいチャンネルが、まるで「かかってこいや」という感じで待ち構えていた。実を言うと私は、YouTubeをあまり見ない人間だ。もしエスなしで一人でYouTubeチャンネルを始めていたら、1週間でやめてしまったかもしれない。

YouTubeにこんなに手間がかかるなんて！　動画のコンセプトと構成を決めて、撮影して、編集して、サムネイルを作って、タイトルと「もっと見る」の内容を悩み、SNSにアップロードして……。そもそも映像コンテンツをあまり見なかった人間だ。初めて触る映像編集プログラムでコンテンツを制作しようとすると、手も頭も固まってしまった。

最初は10分の動画一つを撮るのに3時間、編集に10日以上かかった。その10日間は、会社の昼休みと週末をすべて返上し、毎日夜中3、4時まで編集作業をした。作業そのものより大変だったのは、真逆ともいえる二人のスタイルを理解することだった。トラブルに臨む態度も、仕事のこなし方もあまりにも違ったのだ。友達と働いた経験が一度もなかった私たちは、友達としてではなく同僚としての相手にどう接すればいいのかわからなくて試行錯誤を繰り返した。

はじめの1年半は、仕事の話が99％、雑談が1％といった割合で、一日も欠かさずに連絡し合った気がする。そうやってチャンネルの運営をめぐり右往左往していた時期が過ぎ去り、安定期が訪れた。休まずにやるべきことを探し続ける私のやり方と、大変なときはすべてをいったん中断させて少し休んでいくエスのやり方がうまい具合に混ざり合い、二人だけのやり方が完成した。スランプのときは、止まることを知らない私の推進力を使い、休みなく走り続けたせいでいったん止まる必要があったときは、エスの自制力を使った。ところが、いつからか副業のはずのYouTubeチャンネルの仕事量が、本業をはるかに上回ってしまった。だからといって生活費を稼ぐためには、本業を疎かにすることもできなかった。私たちが慢性疲労に苦しむのは、当然の流れだった。休みが必要だった。

チャンネルを運営しながら一緒に過ごす時間が増えるほど、相手について知ることも増えていく。お互いのことを理解するのに、大いに役立ったのはMBTIだ。私は直観を働かせて何かを選択し、心惹かれるまま行動するＦ（感情重視）であると同時にＪ（判断重視）で、エスはすべてのことには理由があるという言葉をよく口にするものすごいＴ（思考重視）であると同時にＰ（知覚重視）である。

私が好きだったエスの単刀直入な性格は、チャンネルを始めてから最も怖いものになった。ただ良いと思ったことにどうしてそれが良いのかと聞かれたら、「なんとなく良いと思ったから……」としか答えられなかった。自分の強い直観を、すべてのことには理由があると考えるエスが納得できるように説明するのは、とても難しいことだった。エスから連絡が来て心臓がドキッとすることもあった。

ＹｏｕＴｕｂｅチャンネルの運営を休んでいる間、あちこちに散らかる自分の考えを落ち着かせてくれる計画がなくなると、何を先にやればいいか見当がつかなくなった。休んでいる間もやるべきことが殺到し、何日かに一度は二人で何かを決めなければならなかったのに、なかなか集中することができなかった。休んでいる時間が、自分の方向感覚を乱してしまったようだった。幸いにも、私が道をさまよっても隣で道を教えてくれ、また一緒に歩いてくれるエスがいたおかげで、完全に道に迷うことなくいつも元の場所に戻ることができた。そのようにして私たちは、5年間うれしいことには一緒に喜び、辛いことには一緒に耐えた。

本を書くことはエスの長年の夢だった。自分の口から出てくる言葉を自分で聞きながら考えを発展させていく私とは違って、一人で苦しみ、自問自答するエスは、文章を書くことで自分の中の何かが解消されるという。ＭＢＴＩの動画でも、エスは無人島に流されたら、遭難した船の帆に文章を書きたいと言うほど、創作への欲求が高いタイプだ。そんな人と私はホンサムピギョルという名前で一緒に活動していて、自分なら絶対にしなかったことでも、どちらかが強く望めばやる他ない。エスが私に説得され、オフライン節句ストライキイベントを企画したように、私もエスに歩調を合わせようと努力した結果が、まさにこの本だ。

私にとって文章を書くことは、ただ過去のことを忘れないための記録に必要な手段にすぎなかった。自分の作文は、小学生の頃に宿題に出されて無理やり書いた日記レベル。「今日友達と公園で楽しく遊んだ。転んで泣いたが、エスが慰めてくれて涙が止まった。明日もエスと遊びたい」みたいな。エスから映像編集プログラムの使い方を教えてもらったときのように、また文章の書き方も勉強した。

書くことは、思った以上に有益だった。文章を書くことを通して、まじめに過去を振り返り、自分が何を望んでいて、これからどのように前進していくかを具体的に思い描いてみることができた。また、ぼんやりしていた自分の考えに理由を見つけ、他人に自分のことをもっときちんと説明できるようになった。このようにエスと私は、一人なら考えたこともなかったスキルを身につけて成長し合える、建設的で過酷な関係である。

これまでは、ステキだけれど、不便なこの関係を果たして友達関係と言えるだろうか、同業者を得て友達を失ってはいないだろうか、と思ったりもした。しかし、エスが私の凝り固まった考えに火をつけ、穏やかで安らかな環境に居付いてしまった体に不便を感じさせ、振るい立たせてくれなかったら、私は溜まりすぎて腐り、「おそらく前はフェミニストだった人」になってしまったのだろう。


たまにお互いの第一印象や初めて出会ったときのことを聞かれたら、必ず、私がエスをしつこく口説いたという話をする。そのときの私は、人生で初めてフェミニズムという台風に遭い、ようやく卵にひびが入ったひよっこだった。いっぽうエスは、自分の中いっぱいに蓄積していたオリジナルな主観で、私の悩みについていつも新しい見解を提示してくれ、その悩みをあっさりと解決してくれた。今よりもっと考えが浅くて優柔不断なくせに、とてつもない行動派だったかつての私は、自分と真逆のエスがとても好きだった。考えが深くて決断力もあるのに行動力だけが足りなかったエスも、私がいて良かったのかもしれない（私はこのチームで、底抜けにポジティブな考えをする役割を担っている）。

もしエスに出会わなかったら、出会ったとしてもYouTubeチャンネルを一緒に始めていなかったら、今はどうなっていただろうか。そんなことをときどき思う。あるいは、私に不便を与えるエスを受け入れず、楽な道だけを進もうとしていたら、どうなっただろうか。すべてが正反対の友達に出会って、経済共同体として縛られ、泣く泣く学んだことも多い。エスと一緒にチャンネルを運営しながら、不便と友達という単語が共存できるという事実を知ったことで、私はさらに成長した。不便と不快の違いに気づくべきだろう。こちらを不快にさせてくる友達とは距離を置き、不便さを感じさせてくれる友達は、そばに置いておくべきだと思う。私は二人がこの先もずっと、互いの成長を応援し、その道を共に歩む友達として、相手の安易さに喝を入れ合う「不便」の伝道師となることを願う。

みんな私たちを、非婚メイトと言うけれど

エス

YouTubeを始めようと決心して、最初に企画した動画は3本だった。言いたい、見せたいことが、あまりにありすぎた。一日で3本みんな撮っちゃおう、とホテルを予約した。YouTubeのアカウントのパスワードにも、そのときのホテル名と撮影日が入っている。

もちろん、最初に撮るつもりだったのは非婚について、正確に言えば、女性に非婚を勧める動画だった。なぜ非婚をするべきかが女性たちに一発でわかるように、結婚制度の不当な点を一つひとつ取り上げて、10分という時間の中で簡潔に、強いインパクトと共に伝えたかった。ドキドキしながら作ってアップした第一作、「結婚は巨大な家父長制の洗脳？　非婚でサバイブ」は、今でも動画リストの一番最初に上がっている。

　初めて撮影に臨んだ日は、ロングのダウンなしでは外に出たくないと思うほど寒い2月だった。そして、その2019年2月5日はちょうど旧正月当日だった。いや、ちょっと待った。これって、非婚女性として映像に収めるのにめちゃくちゃ良い素材では？　どうせ私たち二人は、伝統的な節句の風景からずいぶん前に遠のいている人間だった。ジョン[27]を焼かされることも、小言を聞かされることもない私たちの旧正月を見てもらったらどうだろう？　周囲を見回しただけでも、本人の意向は無視で泣く泣く祖母の家に連れて行かれ、自分の価値観とは軽く数十年かけ離れた言葉をリアルタイムで聞かなければならない友達が複数いた。

「女の子はおしとやかに座らないと」「女の子が太ってってどうするの、ちょっと痩せなさい」

27　薄切りにした魚、肉、野菜などを味付けして小麦粉をまぶし、溶き卵にくぐらせて油で焼いたもの。旧正月などの節句に食べる料理で、焼くのは女性の役目とされることが多い。

「女はたくさん勉強したって無駄。内助の功をつくせばそれでいいんだから」……。

女、女、女……。「女」の代わりに「人」という単語を入れたら不可解に聞こえたはずの言葉。そんな言葉を十数年にわたって聞かされつつ、台所で母親を手伝ってジョンを焼き続けていたら、もともと男児選好思想の集合体である節句そのものに、馴れてしまいがちだ。早くに「脱・実家」を果たしていた私もまた、「脱・節句労働」は数年間かなわず、一度にスパッと切り捨てられない自分に、何年か恥ずかしさまで感じていたことを思い出した。

それ、よさそうじゃん？　節句の慣習なんかまったく気にしないで、よく遊びよく食べる女性の姿を見せるだけでも、たくさんの人が勇気を手に入れられるんじゃないかと思った（とはいえ、それはたくさん視聴してもらってこその話。なのに私たちは、ゼロ人の動画の登録者に向かって、ワイングラス片手にチアーズまでしていた）。なんでこんな目に、と不満を言いながらも黙々と節句労働に従ってたら、上げかけた手もそーっと下ろして周りに合わせるのと、結局おんなじじゃないか？　一人で行動したら目立ちそう、と迷っている女性の力になりたかった。自分はこんなにいい感じで暮らしている、と記録したい気持ちもあった。

節句に、非婚女性二人でホカンス[28]に出かけるってコンセプトがいいね！　私たちは、旧正月真っ只中で人けのないソウルの都心の大通りを歩き、閑散としたスーパーで飲み食いできるものを買い込んで、わいわい騒ぎながらホテルの部屋に到着した。Ｎｅｔｆｌｉｘも見たし、何から何まで違うようでいて音楽はバッチリ好みが合うから１９９０～２０００年代の歌謡曲も思う存分歌い、二人の特技である開脚もして、楽しく一日を過ごした。たとえ緊張しながらの初撮影で、のんびりするというよりは「カット！　もう一回やり直し！」と叫んでいた時間のほうが長かったとしても……。翌日、地下鉄を乗り間違ったまま寝過ごし、果川（クァチョン）まで行ってしまったことも込みで、完璧な旧正月に仕上がった。

「こんなに平和な節句は初めて！」というタイトルにふさわしく、「二人がホカンスしているところを見るだけで楽しくなりました」「私もこんなふうに生きよう。むっちゃよさそうに見える」「見ている間ずっと愉快だった。次の節句はこんなふうに過ごすぞ」という書き込みがついた。人気コメント順に並べたときに上位にあがっていた、「21世紀は大変動が来るぞ」という、なぜだか使命感をかきたてられたコメントも記憶に残っている。そんなふうに、ある瞬間から「非婚女性たちの節句の過ごし方」はホンサムピギョルのレギュラーコンテンツになった。

　２０１９年の秋夕には、ソウルと大邱を行ったり来たりしながら非婚女性だけのオフラインイベントを開き、２０２０年の旧正月には二人で江陵（カンヌン）旅行をし……。その間に、コメント欄に

28　ホテル＋バカンスの造語。あえてホテルに宿泊して休暇を過ごすこと。

は自然と「非婚メイト」という単語がちらほらするようになった。私たちも、自分たちを非婚メイトという言葉で定義することに慣れてきた。非婚メイト、エス＆エイ。非婚の人生を、共にするメイト（友達）。

だったら、非婚メイトとは友達を含む概念なのだろうか。友達の中に非婚メイトが存在するのか、それとも、そもそも別に存在する概念なのか。新たに生まれたこの単語の範囲はどこまでで、この関係が共有するものって何だろう。次から次へと、考えは浮かんできた。

フェミニストとして非婚の人生を決心して、まったく新しい次元の人間関係を経験する女性は多い。運よくそれまでの友達と同じ考え方で進んでいける人もいるが、ほとんどは、フェミニズムを知る前と知った後で、周りの人間関係が線引きされることになる。まるで自我が二つになったかのように、それまで自分が属していた村と、新しく属することになった村を行ったり来たりして、どうにか自分を両方に適応させようとがんばる。

そういう女性たちが望んでいるのは、以前の村の村人たちの考え方が新しい村の村人たちと同じになって、最終的に線引きが不要になることだろう。もはや線引きする必要がない状態。だが、依然古い文法で話している人々に、その境界を越えてみようよ、新しい世界があるよと話したところで、それは簡単なことではない。だから結局、新しい村の村人のほうと積極的に付き合うようになって、その村がどんどん大きくなっていく。やっと息がつける。古い世界のルールに反旗を翻しているのは自分だけではないと確認した瞬間、ものすごいスピードで結束を感じる。自分の変化をどう説明するべきか悩んだり、顔色を窺って適当なタイミングで口をつぐんだりする必要もないのだ。

とはいえ、この新しい村にはやや問題がある。小、中、高を共にして大学時代を一緒に過ごし、同じ生活圏で自然と親しくなった以前の村の村人たちとは違って、この人たちは「フェミニズム」という一つのテーマの下に集まった人々なのだ。一つの強烈な共通点を持っているということは、無条件にスピーディな結束が約束されるいっぽう、そのぶん断ち切られやすいことも意味している。何かの事件を同じように受け止め、感じ入るせいで、もっとくたびれもする。新しい村を求めて旅に出る女性がだんだんに多くなったから、以前よりは結びつきやすくもなったが、考えてみると、あいかわらず人間関係に葛藤を感じている場合が少なくない。

私も、フェミニズムを知る以前から親しくて、今でも連絡をとり続けている友達はほとんどいない。現在、私の人間関係の大部分を占めているのは新しい村の人々だ。それでも、以前の人間関係とは違って、何をきっかけに別れることになるかわからないという思いは、いつも心の片隅にある。そういうことをもう考えずに、自分の人生の一部と受け入れられた人はごく少数で、もちろんエイもその一人だ。よほどのことが起きない限り、私の未来のどのピースを切り取っても、そこにエイが存在するはずだと信じている。同じ生き方で進んでいくことを選択して、ずっと交流を続けながら、互いに肯定的なエネルギーを与え合える仲。ともにそういう信頼を抱いている存在こそ、まさに非婚メイトに近いのではないかと思う。

ひょっとしたら、女性が新しい友達を作る上で大事なキーワードは「強制」ではないだろうか？　人間関係に「強制」という言葉を持ってくるとドライだと思われるかもしれないけれど、趣味のサークル、地域や仕事、プロジェクトでの集まりなど、自分の生活のバウンダリーを共有するどんなものも、関係を「強制」的に持続させうる。大事なのは、自分の日常の一部を共にするということだ。思えば、以前の友達のほとんどは、みんな性格は違っても、同じ町や同じクラス、同じ学科というバウンダリーの中で、短ければ1年、長ければ4年、苦楽を共にせざるをえない関係だった。そんなふうに数年過ごすと、どんな状況でも情が生まれて、最初は棘があるように思えていた部分も「やれやれ」というまなざしで包み込むことができた。エイとも、趣味半分ビジネス半分で始めたＹｏｕＴｕｂｅという媒介物があったから、着実に縁をつないで、さらに深い関係に発展することができた。

もう一つのキーワードは「ゆるさ」だと思う。おいしい食べ物も食べ過ぎると胃もたれするもの。体に良いとされる薬だって、飲みすぎれば調子が悪くなる。人間関係も同じだ。初めて味わう解放感に酔って日常を後回しにし、友達と会うことばかりに夢中になっていたら、その関係は長続きしないだろう。私も例外ではなかった。最初にフェミニストたちと会い始めた頃に味わっていたのは、新世界、という感覚だ。針のむしろに座っているようだった、結婚と恋愛の話ばかりが行き交う昔の友達との飲み会とは違って、そういう女性たちとの集まりでは「私」だけに集中できた。こんなふうに、自分の考えてきたそのままを吐き出せるとは！

週7日のうち6日、新しい女性と会いに出かけた。一日にアポが二つ三つ入っていたこともある。そんな日はみんなでべろべろに酔っ払って、友達の家で適当に眠った。用事を済ませて家に帰る途中でも、他の友達に呼び出されれば、また電車に乗り込んだりもした。それほど毎日会っていた友達とは、過剰な飲み会を繰り返すうちに、いつの間にか疎遠になっていた。趣味の活動や日常をちょっとずつ共有して、だんだんに親しくなったのではなく、初めからあまりに近づきすぎて、お互いすぐに疲れてしまったのだ。関係を結ぶのに慎重なタイプの私でさえそんなミスを犯したことがあるんだから、緩急の調節が難しいというのは全面的に理解できる。

あの頃出会った数多くの人の一人がエイだ。私たちも、ＹｏｕＴｕｂｅという顔を合わせる口実がなかったり、互いへの距離の取り方に失敗したりしていたら、すぐにバラバラになってしまった友達と同様、会って数週間、数ヶ月でさよならしていただろう。正反対の性格の私たちがかわらず親しくいられる、そもそもの理由を振り返ってみて、ようやくわかった気がした。正反対の「強制」と「ゆるさ」という二つの力が、私たちを4年以上続けさせてくれていた。

私たちは、フェミニズムのアクティビストで、ビジネスパートナーで、同時に友達という、これまで経験したことのない新しい関係を結んでいる。経済共同体としてだけでなく、共に活動する相手だからこそわかる、言葉にならない苦悩を共有しているから、信頼度はほぼ100%。「ベストフレンド」と呼ぶくらい親しい友達はそれぞれ別にいるが、自分たちだけがわかちあっている特別な結びつきが、確かに存在する。

今は、あまりに互いをわかりすぎていて、言わなくても相手のことを気づかえるくらいになった。休みの日にはそれぞれ自分の時間を過ごせるよう、どちらもあえて連絡をとらない。私は家で静かに考えを整理したり、少人数の友達とお酒を飲んだりするほうだし、エイは友達とアウトドアで活動してストレスを発散するからだ。他には何だろう。どんなことを言ってはいけないかも、お互いよくわかっている。エイは、信頼されていないと感じられる言葉がとくに嫌いだ。内緒話の最後につけ足す「他の人には言わないでね」は、誰もが使っている決まり文句だと思っていたが、「あんたは私が信じられないからそう言うんじゃないの？」というエイの強い調子のメッセージをもらって以降、そういう言葉で私の非婚メイトは、信頼されていない感じを受けるのだと知った。心のこもっていなさそうな軽い挨拶でも、それが自分をよく知り、応援してくれる人からの「ファイティン」であれば、その一言だけで多くの力が生まれることも知った。以前の友達と、こういう多面的な関係は可能だったろうかと思う。

いつだったか、エイに言ったことがある。これから十年間この関係を維持できたら、私たちも40代には十数年来の友達になるね、と。だから私は、自分たちを「非婚メイト」という名称の代わりに、「友達」とシンプルに呼びたい。「相性が良いのはどんなところ？」と訊かれたら、「ただ、価値観がすごく一緒で親しくなって、合わないところもずいぶんあるけど、そばにいるうちに大切になったんだ」となにげなく答えられる日、非婚メイトという単語が、必ずしも必要でなくなる日が来ることを願っている。

非婚メイトがいるということ

エイ

ドラマや小説を見ていると、同じ町内に住んでいて、何もかも一緒の親友がしょっちゅう出てくる。私にも、同じ町内に住んでいる上に小学校、中学校、高校、大学まで一緒だった親友が「いた」。短い間だったがバイトも一緒にしたし、元恋人、友達も全部知っていて、ケンカしては仲直りすることを繰り返した。それぞれの家では、娘の友達に実の娘みたいに接していたし、とくにうちの母は、大人にまで気さくなその友達を私よりも気に入っていた。

当時住んでいたのは、ソウルのど真ん中にあるタルドンネ[29]だった。今は再開発で姿を消したそのタルドンネのてっぺんに、友達と私の家があった。二人の家の中間の、前に縁台がある小さな雑貨屋は、急に話したくなったとき、真夜中でも明け方でも関係なく呼び出してビールを1缶空けるのにちょうどいい場所だった。自分はお酒がまったくダメということがわかってからは、ビール2缶が炭酸飲料やアイスクリームあたりに変わったが、あいかわらず私たちは一緒だった。

すっかり成長して、友達は1、2時間ほどかかる別の地域でひとり暮らしを始めた。私もやっぱり、友達がいなくなってからそれほど経たないうちに、今住んでいる所に引っ越した。近くに住んでいても、あまり連絡をとらない、というのが私たちの間のルールだったから、家が離れてから1年で連絡をとった回数は数えるほどだった。それでも、お互いの誕生日には必ず祝福のメッセージと一緒にプレゼントを贈り合い、年に一度の恒例行事として、伏日（ポンナル）[30]には通っていた大学の近くの有名な店でおいしいサムゲタンを食べた。

その、ゆるくてゆったりした関係は、私がフェミニズムを知って脱コルセットをし、デモに通うようになってから揺らぎ始めた。住んでいる町が変わっただけで、同じ考え方を共有していると思っていたが、友達のほうはそうではなかった。フェミニズムに関する話題になると、お互いを理解しあえないまま、気まずく話を切り上げたりした。

実際は私が一番変化していたのに、当時は友達が変わったと思っていた。あの頃、友達には結婚を考えている彼がいた。ちょうど同じ時期に大学の同期が出産して、「結婚して子どもを産んだ友達と距離ができるっていうのは、こんな感じか」と思っていた頃だった。付き合いが長いぶん親しいつもりだったが、どんなに親しくたって、結婚をきっかけにこの友達も遠ざかるんじゃないかという思いがチラッと頭をかすめた。自分が非婚を決意してから、人生の方向が違う友達といつまで関係を続けられるか、自信がなくなった。関心のあることがまったく別の友達と連絡をとり合わなくなるのは仕方のないことだった。危うくなった関係を何とかつなぎとめようとして、つまらないことで言い争いになってしまい、ケンカして仲直りして、を繰り返していたその間柄は、結局整理することになった。

友達とのつながりが途切れて、共有していた時間、空間、共通の知り合いなど、思い出といえるものすべてが消えるのは、涙が出るくらい残念だった。同じ思い出を持つ友達とこれ以上

29 直訳は「月の町」。月に届くくらい急こう配の斜面に、張りつくように家が並ぶ。主に低所得者層の住居とされる。

30 韓国の土用の丑の日。初伏、中伏、末伏の三伏日があり、暑気払いのためにサムゲタンなどを食べる風習がある。

一緒にいられないというのは、まるで自分の人生のはじっこがスパッと切り落とされてしまって、過去の幸せだった自分をなくす罰にさえ思えた。そうやって苦しみながらも、友達だったら当然、似た考え方でなくちゃ、と一方的に共感を無理強いして、去っていく友達を見送るしかなかった。

変化しない人なんているだろうか？　自分をとってみても、この小さな本の中で何度も変わっている。これからもどれくらい、どんなふうに変わるかは誰にもわからない。たぶん「私のキャラ／最終／これが本当に／本当に最終／マジで最終」バージョンが、果てしなく上書きされるのだろう。たとえ、町内の雑貨屋の前の縁台でおしゃべりをした思い出を共有できる友達がいなくなっても、私は今の自分のバージョンに満足している。だから、かつての私と似た悩みを抱える人には、こう伝えたい。それぞれの周りの環境や考え方が変わって、友達と距離ができることは、誰のせいでもないのだと。長い間一緒に過ごしたぶん、たくさんのことを共有している人が大切なのは当たり前だ。だが、明らかに理由があって起きた私の変化に相手が関心さえ持たないなら、果たしてこれから訪れるたくさんの変化を、一緒にくぐっていける人かどうかは考えるべきだと思う。

今、私が考えている友達とは、「今」私のそばにいて、「今」の私と目指すことが同じで、

「今」私と一番親しい人だ。過去の記憶にしがみつくより、それぞれの変化を理解して、共に発展していければ一番良いと思う。これまでずっと友達という単語を使ってきたが、これは非婚メイトと出会う上でも適用できる基準だ。

非婚メイトだからといって、共有するエピソードや思い出が特別なものでなくてもいい。今の私の価値観としっくりきて、間違いなく共に発展していけると思えて、互いを信用できる友達ならそれで十分。「理想的な非婚メイト」という枠を作って、自分の周囲を、その枠に合わせようとはしないでほしい。友達と自分の物理的な距離や、友達でいる期間、会える時間は重要なことではない。

周りの友達と一緒に、社会が非婚を眺めるイメージよりはるかに良い人生を送りたい、というのが私の今の目標だ。「非婚は利己的」「非婚は寂しい」「非婚だと孤独な老後を迎えるはず」といった、普遍的で否定的な、さまざまなイメージのことだ。

非婚はそんなふうに、流れる川を遡上する鮭みたいな状態だ。みんな結婚して幸せに暮らしているのに、異常な道を進んでいるあなたは変と、世間はずっと私をけなすんだろう。一人反対側に立っていると、もしかしたら自分が誤った道を進んでいるのではないかと疑うようになり、後悔したりもする。そうやってしんどいときは、隣にいる別の非婚主義者の友達を眺めつつ、まるで、誤った推し活をしていた頃に別の推し活仲間と、「うちらは大丈夫」と言いながら自己破壊的な道を進み続けるべく応援しあっていたときのように、お互いの肩をぽんぽんと叩く。もっとも今は知っている。今後自分たちが進む道の先に、誰かによりかかる人生や、誰かの妻、誰かの母といった他の誰かのための人生ではなくて、自分が選択した、主体的な自分だけの人生があることを。

私は、同じ考えを共有する人の存在や応援が、想像以上にすごいということを、すでに経験した。自分と同じ非婚主義者が周りに存在していることで、ただ心理的に安定したり、共通の思い出ができたりするだけでなく、より自分を発展させるチャンスにもなる。現実的に絶対必要なのに、一人では到底すべて調べつくせない情報や支援制度をお互いに共有し、非婚主義者に訪れるだろう未来をさまざまな方面で予測しながら、一緒に心強い気持ちになり、ついでに通帳も心強くなるよう準備してみる。

結婚して暮らしている人の人生観がすべて同じではないように、非婚で暮らす一人ひとりが考える人生の方向だって、やっぱり違う。非婚女性の中にも、猫を飼っている人、犬を飼っている人、ペットが嫌いな人、大勢で暮らすのが好きな人、一人で暮らすのが気楽な人など、みんな性格や好みが違う。今、この文章を読んでいるみなさんも、どうか完璧にぴったり合う非婚メイトを探そうとして孤立するのではなく、自分の「今」の状況にぴったりな人を見つけられますように。非婚メイトだから大切な友達なのではなくて、自分の友達だから自然に非婚メイトにもなる、という人と出会ってほしい。

今一緒にいる友達との友情が永遠とまでは約束できなくても、かれらと私のあいだに「私たち」という単語が最大限長く使えるようがんばっている。一緒に、ずっと、変化し続ける私たちが、世間の認識も変えるのだと信じながら。

あたらしい愛のことば

エス

女性に許される愛は、長いことたった二つだけだった。異性愛と母性愛。私たちが幼い頃から自然に接してきた昔話の中の女性たちも、そうした二分法から抜けきれていない。盲目の父の目を見えるようにしようと、３００石の供養米と引き換えに身売りをする「孝行娘」沈清（シムチョン）[31]に始まって、韓石峰（ハン・ソクボン）の母親[32]や平岡（ピョンガン）王女[33]まで。父親、または夫に献身的だったり、男性のまばゆい成功の影で必死に世話したりという女性たちが登場する。女性に許されたそういう愛をうまく成就できれば、与えられるのは「良妻賢母」「烈女[34]」「孝行娘」というタイトル。そのネームプレートのどこにも、女性自身の人生は見当たらない。相手と対等に交わす愛ももちろんない。

もうこんな、決まりきったレパートリーはうんざりだ。男性の犠牲にばかりなって、女性のことは忌み嫌う、そういう女性は、現実には存在しない。少なくとも「もとから」そうだった女性はいない。生まれて初めて向き合う母親との関係に始まって、女性は他の女性たちとの関係の中で多くの感情をやりとりして、そうやって少しずつ、自分を知りながら成長する。女性には母性愛と異性愛以外にも、さまざまな形態や密度を持った愛がある。

大学3年のとき、学校の休みに、交換留学生としてスペインに行ったことがある。初対面の他の学科の学生と空港で待ち合わせて、大学の担当者の引率のもと飛行機に乗りこんだ。私たちはペアになり、二人一組で2ヶ月間使う部屋を割り当てられた。だが、よりによって到着したその日がスペインの祝日で、開いている飲食店は一つもなかった。えんえん13時間のフライトで疲れきっていた上に、土地勘ももちろんないから下手に遠くに出かけられず、お湯をもらえる場所もなく、私とルームメイトは部屋にしゃがみこんで、その子が持ってきた小さなカップラーメン1個を砕いて分け合った。

よく聞くと私たちは、同い年だった。一緒に来た他のメンバーは大体二つか三つ年下だったから、同い年のその子と同室になれて内心うれしかった。絵画科に通っていたその子は、翌日から「窓を開けるからタバコを吸っていいか」と訊いてきた。本音では「配慮がないな」と思いながらも、いいよと答えた。

あっという間に親しくなったのには、酒好きという共通点も一役買っていた。毎日、スーパーで5、6ユーロのワインを買い込み、夕食と一緒に1瓶をカラにするのが日常だった。狭い部屋だったが、別の部屋の友達から不思議がられるくらい、毎日が楽しかった。そうやって、私たちはお互いの世界に少しずつ入り込んでいった。ルームメイトからタバコを教わったのは自然な流れだった。あのときもらった「クバーナ1ミリ」、あれと同じタバコを今でも吸っている。

私は、MBTI診断を100回やって100回とも内向型になる、何事も一人でやっている

31 韓国の代表的な孝行譚の主人公。盲目の父の目を見えるようにするため、自ら海の神への捧げ物となり海に身を投げる。それを知った竜王はその孝行心に心を打たれ、沈清をまた人間の世界に送る。
32 息子の書家としての才能を早くに見出し、貧しいながらにお金を捻出して厳しい教育を施したとされる。
33 高句麗の王女。蔑まれていた男性を夫にし、勇敢な武将にしたとされる。
34 命を犠牲にしてでも貞操を守ろうとする女性の意。

ときが一番ラクな人間だ。とはいえ、徹底して孤独を楽しむまでにはなれないので、独立した暮らしは好きなものの、絶えず誰かとつながっている感覚を安定だと感じたりもする。そして、自分がどこかとつながっていると感じられたときを振り返ると、そばにいるのはいつも、別の女性たちだった。そういう体験の真骨頂は、最も殺伐とした場所で、非常に強烈に生まれた。

仕事を辞め、初めて参加したデモだった。ショートカットにすっぴんのまま、ひょっとしたら誰かに気づかれるかもと、帽子を目深にかぶった。デモのドレスコードだった赤いTシャツは、注文していたくせに着るのが怖くて、カバンにつっこんで出かけた。デモの会場に到着した瞬間、真っ赤な波が押し寄せてきた。あちこちに「連帯する」「愛してる」と書かれたプラカードが掲げられていた。みんなで叫ぶスローガンを大声で真似しつつ、チラチラとプラカードの文句を盗み見た。あの場で私が感じたのは、ぬくもりではなく熱だった。グッとこみ上げてきて、グッグッと煮えたぎる。個々の女性に限定されていた私の愛が、女性全体へと拡大される経験だった。

そのときまで、女性がメインの集団に対しては――世間でよく言われるように――なんとなく面倒くさかったり、互いに嫉妬しあったりするものという偏見があった。だが、あの経験を通じて、それまで誰も教えてくれなかった「女扶女（ヨトプヨ）」[35]という言葉を初めて知った。男たちは、女が団結することによって生まれる力を恐れるあまり、女は互いを忌み嫌って、嫉妬する存在だという「女敵女（ヨチョクヨ）」[36]の構図に私たちを閉じ込めて、自然に憎み合い、孤立するよう仕向けた。そんなふうにして、互いを愛さない女性は彼らの望む通りに動いた。でも、自分が女性を愛するようになり、女性を愛する女性たちと出会うようになって、新しい世界が開かれた。今、私が編集長を務めている非婚女性のための雑誌でも、志を同じくする非婚女性たちとずいぶん出会った。みんな、書きたいエピソードもテーマも違っていたが、そんなふうに生まれた文章を紙面に掲載してみると、平凡な経験も、女性だからこその新たな言葉に生まれ変わり、キラキラと輝き出した。他の女性たちの文章を読みながら、私もまた自分自身についてより深く考える機会を得た。どんなプリズムを通して世間を見つめるかによって、世界全体が入れ替わりうることを、あのとき気づかされた。女性が語ってくれる物語は、また別の女性に新たなプリズムをもたらすチャンスになる。

私はよく、「私の頭の中には女しかいない」とジョークを飛ばす。でも本当のことだ。フェ

35 女性が女性を助ける、の意。
36 女の敵は女、の意。

ミニズムを知って、頭はすっかり女性のことばかりである。男性の言葉で覆いつくされていた世界を離れ、女性だけ、女性だからこその言葉で何かを創造していく経験がもたらす喜びがある。女性が互いを経験し、出会っていくというやり方は、毎回神秘的で、ものすごく新しい。私はそれを「他の女性の世界を見物する」と表現している。その女性たちと私は、互いを介して他の人の地に足を踏みいれ、自分の世界に招きいれ、究極、自分も知らなかった自分を知って、自分が押し広げられる経験をする。そして、そんなふうにもつれあい、からみあいながら作り出される私たちならではの世界は、楽しくてハッピーだ。完璧ではないけれど完全なのだ。

今後の人生で、さらにどんな女性たちが私に痕跡を残してくれるのか、知りたい。今年も、互いに痕跡を残し合える女性たちとたくさん出会いたい。私と一緒にお互いの世界を探検してくれる方、絶賛募集中！

女性を助ける女性の想い

エイ

望んだからといってそうなるわけでもないのに、まるで、世界が私に合わせてくれているみたいに、フェミニストとして生きると誓ってから、周りに多彩な女性が集まりだした。実は若干意図したところもあるのだが、会社の先輩、眼科の先生、歯医者さん、ソウル市若者支援相談員、ペットの訓練士と、性別がランダムの職種でも必ず女性に行き当たって、意外とさまざまな分野で女性が働いていることに気づかされた。

さんざん進路に悩んで、それまでしていたサービス業、事務職とまったく違う現業に転職しようと思ったものの、男性メインの職種の参入バリアに絶望してあきらめかけたときも、目の前にででーんと現れたのは女性の技術者チームだった。大変そうと思っていたその場所で黙々と道を開き、歩みを進める女性たちと出会ったことは、女性のためのポジションも情報もなくて苦しんでいた私にとって、とても言葉では言い尽くせないほどうれしい経験だった。その人たちが存在するというだけでも、一人ではないという安堵感、無茶な道を進もうとしてるわけじゃないという確信が生まれた。

さらに積極的に講演を聴き、1day体験クラスにも参加することにしたが、そこで伝え聞く現実には、想像以上の難しさがあった。認識や環境という部分もあるが、一番残念だったのは、女性の専門家と、新たな分野へ挑戦しようとしている女性を取り持つ橋が断たれている、という事実だった。女性の後輩がいない女性の専門家は男性の後輩に教えているし、女性の師匠を見つけられないまま始める初心者の女性は、男性の師匠を探して技術を学ばなければいけなかった。技術そのものには女も男もないが、ともすると危険な現場で、男性の基準で定められた規則に従って仕事を学ぶことは、女性をさらなる困難に晒しかねない。もし女性の師匠に教わっていたら、男性とは違う体格や力の強さに従って、よりスムーズに仕事ができるノウハウを伝授してもらえるかもしれないのだ。

どんなに大変な仕事でも、それを職業にしたいと思う女性は確実にいる。女性たちに足りないのは、作業に必要な力でも、学ぶのに必要なお金でもなくて、「女性だってしんどい仕事ができる」という認識だ。力が必要な男性メインの職種では、女性は持ちこたえられないという偏見が蔓延している。耐えられなければ「やっぱり女性はダメだ」的な認識が強化され、そこから女性の進出はますます厳しくなる。引き続き女性の参入が減り、男性の連帯ばかりが強くなるという悪循環の中で、差別は当たり前のように堅固になり、男性メインの職種で女性が生計を立てるため働くことは、文字通り「サバイバル」になる。

機会さえあれば女性を追い出したいと手ぐすねを引いているかのような職種では、サバイバルに最善を尽くさない限り、いつ悪循環に陥るかわからない。私は、ひょっとしたらそういう部分が、女性の専門家同士でさえお互いの存在を認識できないようにされている理由の一つではないかと思った。

孤立している女性の専門家と進路に悩む女性の多さを残念に感じていたとき、エスから、いろいろな業界の専門家の女性にインタビューするというプロジェクトを提案された。進路に迷っていたり、情報不足で足踏み状態だったりの女性の役に立ち、それと同時に、現場の女性たちがみんな各自のポジションでよくがんばっていることを確認して、内実を固めるきっかけになればと思った。苦しいときに女性に救われて自分が抱いた思いを、多くの女性たちにも伝えられるプロジェクトだった。私たちは「先人たちの気分爽快トークショー」というコピーと「プロ・サイダー・クラブ[37]」という名前を作って、さまざまな業種の女性にインタビューを行った。

最初にインタビューした職業はヘアデザイナーだ。ピンクタックス[38]について語ろうとすれば、美容室は欠かせないテーマである。フェミニズムの流れとあわせて脱コルセットが台頭して以来、ピンクタックスは常に厄介な問題だった。ピンクタックスがない美容室をまとめたリストやマップを共有している女性たちもいる。私だって、女性だからという理由で、「男みたいな」ツーブロックなのに4千ウォンも多くカット代を払ったことがある。

37 韓国では胸のつかえがとれる爽快感をサイダーにたとえることが多い。
38 女性向けの商品やサービスのほうが、男性向けよりも割高になっていること。

初回から、これまでにないインタビューになった。現職ヘアデザイナーと、本当に「気分爽快」に思いを吐き出す動画が完成した。非婚フェミニストの業界関係者、という立場から考える現在の問題点や、良い方向に変えていくために消費者はどう行動すればいいかをさまざまに話し合う場となった。「美容室ってどこも、女のお金ばっかり取ろうとしてるんじゃないか？」と安易に考えていたが、複雑な利害関係が絡んでいることやその不合理な業界の原理を知ることができた。

ピンクタックスやコルセットが蔓延する美容業界で生の声を上げるのは、簡単なことではなかったはずだ。勇気を出してくれたインタビュイーの動画に、現役ヘアデザイナーやチャンネルの登録者のみなさんがコメントやＳＮＳで「意思疎通の場を作ってくれてありがとう」とメッセージをくれた。

初インタビューでのリアクションの好さに励まされて、『運動する女　体育館で出会ったフェミニズム』の著者、ヤン・ミニョンさんをスポーツの専門家として迎え、女性の身体に向けられる女性嫌悪や、スポーツ界での女性差別について探った。その後は住宅修理業者、生理用ナプキンメーカーの代表、ユニセックスのファッション通販サイト代表、財務管理士、ラッパーのチェ・サムさんの順にお招きした。直接専門家を招き、その業界について一つひとつ明らかにしていく作業は、なんとなくの認識だった女性嫌悪を、より深く知る過程となった。

果敢にスタートしたのはよかったが、一分野ずつインタビューが進むと毎回ドキドキだった。普段から尊敬しているみなさんだったし、非常に多忙な人たちなのは十分承知の上だったから、インタビュー依頼を送るたびに、心の中で「断られたらどうしよう、でもしょうがないさ。無理強いできる話じゃないじゃん！」と思い、一人プランBを用意したりもした。だが、予想に反してみんな肯定的なメッセージで歓迎してくれ、ときには私よりもずっと積極的に準備してくれることもあった。

ひょっとして、こういう場を一番必要としていたのは専門家のみなさんのほうだったんじゃないだろうか。あいかわらず多彩に、さまざまなチャンネルで自らの声を上げているそのみなさんは、しんどい状況に陥ったとき、心の中で思い出して、またがんばるぞ、と思わせてくれる存在になった。

インタビューを進めて動画をアップするたび、ますますコメント数が増えていくのに驚いた。孤独な道に立ち尽くす女性たちの足がかりになろうという私たちの意図と、チャンネルの登録者が求めていたものが、うまくマッチしたということだ。貴重な経験を、他の女性たちのために喜んで共有してくれたインタビュイーのみなさんがありがたかったし、映像で語りきれなかった内容を補うのはもちろんのこと、相談事への真摯で実質的なアドバイスにまでなっているコメント欄を見て、心がぎっしり満たされる感じがあった。助けになりたいと制作した動画に最も助けられたのは、むしろ私のほうだった。

名前も顔も知らないけれど、ひたすらお互いのためになろうとし、応援し合う女性たちの気持ちが目の前にくっきりと現れた、神秘的な経験だった。女性の専門家への応援は、自分への応援にもなった。

私の人生の峠には、常に力になってくれる女性たちがいた。その人たちがいなければ、今の私もいなかったかもしれない。だから、助けられたぶんだけ自分も助けたいと、手を差しのべながら生きている。たとえささやかな助けであっても、それを必要とする人に伸ばされた手がどんなバタフライ効果を引き起こし、巨大な波となって世間をおおうかわからない。世間が思う「女性にできること」と、女性である私が本当にできることの違いを知った以上、以前みたいに手をこまねいてはいられないのだ。

想像していた以上に女性の結束は強いし、あなたは一人じゃない。「私たち」がここに存在していることをアピールして、もっと暴れ回らなくちゃいけない。より多様な、より多くの女性と出会い、交流し、シナジー効果を生まなくちゃいけない。切実に求められているところに差しのべられる手が多くなるように、差し出された手が行き場を失わないように、そのすべてが実現すると同時に、ひとりでもひるまず生きる女性が増えていくように、よりたくさんの女性にアプローチするのだ。ひとりで歩む人生の一つひとつが集まって、女同士でもこんなふうにいい感じで暮らせると、世の中に堂々とした笑顔を見せてやれるように。

私が選んだ家族

エス

欧米圏には、結婚せずにひとりで暮らす高齢女性を皮肉った「cat lady」という表現がある。単身女性へのステレオタイプな否定形といえるだろう。

そもそも猫は、歴史的にそれほど好意的なイメージでとらえられてはこなかったし――魔女の横には猫が欠かさず控えていて、黒猫への迷信もある――室内動物で考えてみると、猫にたとえられるひとり暮らしの女性にも、家にひきこもりがちで孤独で陰気、というイメージが押しつけられているようだ。

私は2歳の猫を一匹飼っているが、思えば陰気ということ以外の気質は、自分に当てはまっている気もする。結婚もしていないし、家にいる時間が好きだし、猫まで飼っているなんて！このくらいだったら私、ひとり暮らし女性としてけっこうイケてるんじゃないか？

通っていた小学校は家からそんなに遠くなく、授業が終わって、ランドセルを背負って10分あまり歩くと、家のある住宅街になった。2年生のとき、いつもと同じように、立ち並ぶ近所の門の前を通り過ぎて自分の家のある通りへ入ろうとすると、少し先に何か黒い物体が置かれていた。誰かここに靴下を捨てていったのかな、そう思って近づくと、黒いアンゴラの靴下みたいに見えたものは、子猫だった。

小動物といえば、学校の前で売られている100ウォンのひよこしか見たことがなかった。私は、どうしていいかわからずにしばらく立ちつくし、それから声をかけた。そんなにちっちゃい赤ちゃんなのに、お母さん猫に捨てられちゃったの？　大きさはひよこの2、3倍に見えた。私は猫から目を逸らせないまま、家のほうへと歩き出した。すると、その子猫は私についてくるではないか。

びっくりしたし、うれしくてどうしていいかわからなくなるいっぽう、どこまでついてくるか見てみたい気もして歩き続けた。小さな毛糸の靴下も、一緒についてきた。家の前まで来ると門の前で立ち止まり、それ以上は近寄らずに私を見上げた。このまま抱きあげて家につれていっても、良い子にしていそうだった。でも、見つめているその子を無視することより、動物嫌いの母親に叱られることのほうがもっと怖くて、ごめんね、ばいばい、と繰り返しながら門を閉めるしかなかった。翌朝、もちろん子猫はもうその場にいなかったし、それから二度と会えなかった。
あれから、なぜだか猫という生き物を特別に感じていた。あのとき、あの子を連れてこなかったことで、自分に与えられた小さな役目さえ果たさなかった気がして、なんだか借りができた気分だった。いつになるかはわからないけど、大人になったら必ず黒猫を飼おうと心に決め、未来のペットに「セーラ」という名前もつけてやった。友達からは、あまりにもお上品すぎて、ターキッシュアンゴラみたいな、血統書つきの真っ白な猫とかに似合いそうな名前、と言われていたが（今思えばまぁ一理ある）。門の前で私を見上げていた小さな体とひたむきなまなざし、ふわふわした毛を、長い間忘れることができなかった。だから、本気で猫の里親になろうと思ったときも、私の心の中では常に黒猫が第一候補だった。

でもって、今私がかわいがっている猫の名前は「ショウガ（センガン）」で、毛色は……三毛だ。成人してからも、猫を飼うというのはそれほど簡単に決められないことだった。寮ではそもそもペットが許されていなかったし、そこから引っ越してキャンパスの前でひとり暮らしをしていた頃は、ペットを飼うだけの経済的な余裕がなかった。そして何より、海外旅行が大好き、大学で徹夜の作業をしてしょっちゅう帰りが遅い、という私は、一人で動物の世話ができる環境にならなかった。

社会人生活が3、4年目になるあたりで、大学を卒業した妹がソウルに就職することが決まり、一緒に暮らすことになった。成人してからも住む場所が別であまり会えないでいたが、いざ二人で暮らしてみると、そういう時間が色あせるほど価値観も性格も似ていて、猫好きな点も一致した。そして一緒にチョンセの家に引っ越すことになり、ついに猫を飼う準備が整ったと思った。

私たちはインターネットの保護猫サイトやアプリ、Ｉｎｓｔａｇｒａｍなど、さまざまな場所でじっくりと探すことにした。保護動物の里親サイトであるＰＡＷＩＮＨＡＮＤをのぞいていて、偶然野良猫を保護した人の書き込みを発見、Ｉｎｓｔａｇｒａｍまで見ることになったその猫が、まさに今の愛する末っ子、三色の毛皮を着たショウガである。

実は、本格的に猫の里親計画を立てるまでは、「妙な縁を感じた」とか「見た瞬間にこの子だと思った」とかいう言葉に「マジでそんなもの感じるか？　あまりに美化しすぎでは？」と思っていた。でも、やっぱり人は、自分で経験してみないと絶対に理解できないのだ。Ｉｎｓｔａｇｒａｍにアップされていた低画質の動画の中で、うさぎとびをするみたいにぴょんぴょんあちらこちらを走り回る生後4週間すぎの子猫は、黒い毛でもないし、記憶に残っている門の前の猫のまなざしもなかったけれど、一発で自分の猫だとわかった。

その猫の名前は「ミジョン」だった。一時保護をしている人に、私と妹がミジョンを最後まで責任を持って世話する能力と、お金と、気持ちをどれほど備えているかアピールする長文のDMを大急ぎで送り、そうしてク・ミジョン、現ショウガは、生後1ヶ月で、お気に入りのぬいぐるみ「ジュールス」と一緒に、わが家へやってきた。そしてうちの構成メンバーは、二人姉妹から三人姉妹になった。

猫を飼っている家というと、降り注ぐ日差しのなか爽やかな目覚めを迎え、隣では猫がうれしそうに飼い主をぺろぺろ舐めている、というあったかいイメージがよく期待されるが、実のところそういう場面はめったにない。「干ばつでも芽を出す豆[39]」レベルでしか経験できない、非現実的なモーメントというか？　現実は、人間の就寝時間に合わせて活動を開始する猫のダダダーッという楽し気な足音のなかでなんとか眠り、それからぴったり5時間経って、みぞおち、あるいは足を無慈悲に踏みつけてくる重みと、ごはんちょーだーい、という鳴き声で強制的に起床させられる。いつの間にか耳栓と遮光カーテンが毎晩の必須アイテムになり、眠い目をこすりながら夢うつつで機械的に猫のおもちゃを振っている自分を発見する。断言するが、

39　ぽつぽつとしかなく非常に珍しいことを意味する韓国のことわざ。

猫の執事はみな、ある程度慢性的な睡眠障害状態だと思う。

ペットと暮らすというのは、思いがけないところで自分の生活様式を変更させられるということだ。旅行や外泊といった外出が長引くと、体は外にいても心のどこかがずっと家に向くようになる。長いあいだひとりぼっちにさせざるをえないペットのことが気になるからだ。私一人が外出する場合は妹がいるので多少心配は減るが、二人とも家を空けるとなると、ショウガをどうするかの対策から考える。

おととし、妹と一緒に4泊5日で日本に旅行に出かけたのだが、ペットシッティングサービスを予約し、ショウガを世話するのに必要な情報をいちいち伝えるというのが思いのほか手間だった。毎日のごはんと水、トイレの世話をして、一挙手一投足に注意を払わなければならない存在がいることには、とても大きな責任感が求められる。

おまけに、インテリアは贅沢品だ。猫と暮らすと、すべての家具を猫中心に選んで配置することになる。とりあえず、布や革の家具なんて夢のまた夢。代わりに、ひたすら猫のためだけのキャットタワーやキャットポール、トイレなんかを一つずつ置くようになり、すると人の家だか猫の家だか区別がつかない状況になる。

私はもともと、机や棚の上に物を出しっぱなしにして、使い終わってからいっぺんに片付けるというスタイルなのだが、ショウガと暮らすようになって、必然的に「即座に机整理」の達人になった。リップクリームを置いておけば落とされるし、パソコンの電源を入れておくと、いつの間にかキーボードを踏まれて、原稿が意味不明な「zzzzzxxxxx」で埋めつくされ……。正直に言うと、ムカつくときもときどき(いや、しょっちゅう)ある。そのたびに、私が一人でショウガとけんかをして、一人で仲直りしている。

一番のデメリットは、やはりお金だ。エサ、猫砂、浄水器、おやつ、おもちゃ……。最低限度のお金で育てようと思えばできなくはないだろうが、育てているうちに、一番良いものは難しくても、人並み程度のものは与えてやりたいと思うようになるのは自然な気持ちじゃないだろうか。また、動物病院は医療保険が適用されないから、一度の検査で数十万ウォン、数日入院しただけで数百万ウォン単位で飛んでいくのがあたりまえだ。

ペットが小さいうちは病院代がかかることがあまりないけれど、年をとったら病院にいつ、どんなふうにかかるかわからないから、あらかじめ貯金しておかないと対応は難しい。もちろん、そういうことが最大限起きないよう、飲む水の量や体重管理なんかに絶えず注意しなければならないのは基本だ。二人で猫一匹でもこんなに大変なのに、一人で一匹、一人で多頭飼いの家はどれほど大変だろう。一日中猫にしばられていなければならないし、自由に外出できない。この子の猫缶を開けるだけの人生!

永遠に思えた猫缶開け人生だが、コロナのおかげ（?）で、少しの間自由を味わっている。妹と私がともに家にいる時間が増え、お互いの作業空間を快適に確保するのが難しくなったのだ。そこで私たちは、お金を貯めて一緒に広い家に引っ越すまで、しばらくの間別々に暮らすことにした。世帯主の私がこの家に残ることにして、妹が家探しを始めた。

約3年のふたり暮らしだったが、世帯をふたつに分けようとすると、決めなければならないことが本当に多かった。一緒に買った家具や家電製品を全部いちいち分けなければならなかったし、公共料金の引き落としやプロバイダーの名義変更まで……。すべて整理がついたが、一番の難題は、どちらがショウガを連れていくかだった。私たちは二人とも、猫と一緒に暮らす生活のメリットとデメリットをあまりによく知りすぎていて、なかなか簡単に決められなかった。結局、ひとりで寝るのが苦手で、私より騒音を気にしない妹が連れて行くことになった。代わりにエサや猫砂代は半額負担し、ときどきはショウガに会いに妹の家に行く。だから私はこの1年、久しぶりにペットなしの人生を暮らしている。

ショウガがいた以前とは違って気楽に寝られるようになり、身体的にも自由な生活を楽しんではいるが、猫のいる人生といない人生、どちらが良いかは甲乙つけがたい。前に書いたとんでもないデメリットにもかかわらず、たまに「うちら、そのうちもう一匹飼おうか?」と鳥肌が立ちそうなやりとりをしてしまうのも、猫ならではの魅力のせいだ。まず、第一にかわいいし……第二にかわいいし……第三もかわいいのだ！　はっきり言って、この世の全猫の中で、うちの子が一番愛らしくてキュートな気がする。親バカが止まらない母父みたいに、どこかでペットの話が出ようものなら、ウキウキと大はしゃぎする自分のマヌケぶりに気づかされる。写真を撮るとき、目の前にショウガさえいれば、歯茎を全開にする準備は完了。私は、自分がそんなふうに心底笑っている姿を初めて見た。

全面的に自分を信じ、頼ってくる存在がいることは、それだけで慰めになる。食べさせなければならない口があるから、もうちょっとマシな人生を目指そうと考える一助にもなる。さっきえんえん並べたデメリットとは逆に、メリットを文章で書くとそれくらいしかない。でも、言葉で表現できない感情や瞬間がメリットになる場合は、はるかに多い。昔は、動物への愛情を言葉で聞いて知っていただけで、心で理解することはできなかった。観賞する存在としての動物ではなく、一緒にいる存在としての動物は、私が経験したことのない領域だったからだ。

私たちは通常、出生と同時に、すでに構成された集団の一員に組み込まれて、息をするように自然と家族としての経験を積むことになる。生まれてくる子どもは自分が一緒にいる家族を選ぶことができないし、自分の意志とは無関係に決まったその家族は、一生変えられない。そういう意味で、自らが選択したペットは、特別な意味の家族としてやってくる。そして、私たちはそのペットの死までも見届けることになる。最初と最後を共にする家族なのだ。ショウガを育てながら、そんなふうに以前は持てなかった家族、そして共同体について、いくつかの観点から考えることになった。

誰よりもショウガを愛しているけれど、誰かに「過去に戻ってもまたショウガを育てるか」と訊かれたら、正直、迷わず連れて帰ると答えるのは難しい。知らなかったからできたことで、知っていたら二度目も喜んでそうすることはできない気がする。もしもあなたがペットを飼ったことがなく、猫の里親になるのを迷っているなら、とくにデメリットをちゃんと考えることをお勧めする。一度家族になったら、逆戻りはできないのだ！

真実の愛

エイ

私とエスはそれぞれ、犬のピーナッツ、猫のショウガと一緒に暮らしている。私はエスと出会う前からピーナッツと一緒に暮らしていたし、エスはチャンネルを始めてからショウガを引き取った。ショウガを迎えてまもないエスから「これって真実の愛っぽい」と告白されて、私はのけぞった。

「無償の愛？　そんなのありえないっ！」と断固叫んでいたエスに、目に入っただけで満足の笑みが浮かぶ対象ができたのだ。私なんかはもともと惚れっぽいので「まあ、うちのこぶたちゃん！　かわいいし、愛してるし、大切だよー！　この子と一緒にいられて、毎日毎日楽しくて幸せー！」と思っていたが、それが「真実の愛」かどうかは考えたことがなかった。

エスの話に過去をじっくりと振り返ってみると、「ああ、これが真実の愛だ！」と感じた瞬間が不意によみがえってきた。結構たくさんあった。ピーナッツは、仕事が終わって家に帰ると、毎日うれしそうに出迎えてくれる犬なのだが、ある日、妙に早く会いたくて、バスから降りるなり停留所から家までダッシュしたこともある。犬が耳を掻いたり吐いたりする音が聞こえると、眠っていてもキョンシーみたいにがばっと起き上がって、大急ぎで素手のまま始末をする。里親になった最初の頃、犬を触った手が気になって、撫でるたびに毎回手を洗っていた私とはまったくの別人になった。

いつだったか、犬が散歩の途中で危険な異物を食べ、口から泡を吹いたことがある。あまりに切迫した状況だったから、8㎏の犬を抱っこして1㎞の上り坂を駆けあがった。会社から帰って空腹のままサクッと出かけた散歩で、自分の体力の限界を超える運動量を消耗した私は、動物病院に到着するなり、ほとんど気絶するみたいに倒れこんだ。幸い、犬は異物を吐き出すと元気を取り戻した。私とよく似てあれこれ病気がちで、よく病院通いはしているが、とても元気に暮らしている。

私は、今まで一度も、交際相手と別れて、悲しみに胸が張り裂けそうになったことがなかった。人が言う「胸が痛い」という表現を、犬を育てていて知ることになるとは、想像もしなかった。

一緒に暮らして1年ほど経った頃だったろうか？ ピーナッツが森で遊んでいてダニに噛まれ、かなり具合が悪くなったことがある。何も食べられず、イライラして、無理やり食事をさせようとする私を、初めて本気で噛んだ。そのことに傷つき、泣きながらなんとかエサやりを終えると、噛まれた手よりも痛む心を「ああ、本当に傷ついちゃったよ」とやり過ごしていた。その日の夕方から、理由もなく胸がうずき、明け方4時まで寝つけずにぽろぽろと涙を流した。もともと目をつむって横になりさえすればすぐに眠れるタイプなのだが、つむった目をこじ開けるようにして涙があふれた。とくに大きなストレスがあったわけでもないし、いくら考えても思い当たるふしがないので、朝いちで病院に行った。処方された薬を飲むと、一日でよくなるではないか。「すぐ治るところを見ると、大したことじゃないらしい」と、あまり考えずにスルーした。

何ヶ月かして、散歩中、ピーナッツにひどく噛まれた日、再び胸が張り裂けるくらいつらくなって明け方まで眠れず、まるで水道の蛇口みたいに両目から涙をだらだら流しながら気がついた。「ひょっとして私、今、犬に本気で傷ついて、こうなってるのか……？」それが愛なのだとしたら、愛するなんてごめんだ。

ピーナッツは麻浦（マポ）区にある望遠（マンウォン）市場で保護された。保護主の家と動物病院、ソウル市管轄の保護所を経て、わが家に来ることになった。一緒に暮らしてもう5年になるが、保護主とは今も連絡をとっている。家族に引き合わせてくれた人と良いご縁を続けられることがどれほど幸運なことか、しばらく経ってからわかった。

　人生にペットが入り込んで、消費パターンから生活様式まで、たくさんのことが変わったが、なんといっても一番の変化は自分の周りにいる人だ。ペットとの暮らしが始まってから、似た状況の人と付き合ったほうが良いと強く思うようになった。常に人とのネットワークを作りたがる私は、ペットと生活するようになると、話が合いそうな集まりを求めていくつかの場所をのぞいたが、当時参加したほとんどは、過激なほどに犬に献身的な人が多かった。私は他人の行動にかなり左右されるタイプなので、もっといろいろしてあげなきゃと思い、してあげられない自分は不十分だという気分にしょっちゅう襲われた。その人たちにならってものすごいお金を使っていて、あるとき、ここは私のいる場所じゃないとわかった。そんなさまざまな集まりを経て、自然と、犬より自分メインで、心がラクでいられる非婚女性の集まりを探すようになった。

非婚女性の会は本当にパラダイスだった。社会が非婚女性に向ける否定的なまなざしがすべて遮断可能になるくらい、ポジティブなエネルギーを毎日受けとった。だが、私にとっての最重要キーワードである「非婚」「ペット犬」「ご近所さん」の三つを同時に満足させることはできなかった。非婚でペット犬がいるかと思えば家が遠く、非婚でご近所の友達にはペット犬がいなかった。犬のためにも、私のためにも、定期的に集まる近所の犬友達の存在が不可欠だった。

非婚の集まりで犬と暮らす人がある程度増えたとき、志を同じくする友人が集まって、ペットがいる非婚女性の会を作った。今、20人近いメンバーが参加している。大所帯ではないけれど、みんなでペット用品の共同購入を始め、自分の犬が食べないエサやおやつ、合わない服を分け合える非婚メイトができたわけだ。いつも誰かと一緒に何かをしていたい私にとって、ペットを育てる非婚者の存在がどれほど大切なことか。最近奇跡的に、ご近所で、ペット犬と暮らしていて、性格が合って、会える時間帯も一致する非婚メイトまでできた。

保護主と約束していた3ヶ月のお見合い期間を経て、飼い犬として迎え、気がつけばもう5

年、ずっとピーナッツと一緒だった。初めてピーナッツを連れてきた頃は、かわいい服を着せるのが本当に楽しかった。それでなくてもかわいいのに、かわいい服を着てるかわいい犬なんて！　自分がすっかり気に入ったという以外にも大きなメリットがある。8kgのミックス犬のピーナッツは、人に怖がられたり避けられたりすることが多かったのだが、チェックがキュートなミント色のトレーナーを1枚着せただけで、がぜん人々の反応が好意的になった。かわいいと褒められたし、声をかけていいかと訊いてくる人も出てきた。人に対する犬の社会性を育てるのにはなかなかよさそうだったが、そういう着飾りをしてこそ「怖くない犬」になるというのは、女性が対象化されることとどう違うのだろうと思った。人にかわいがられることを目的に服を着せるのはやめることにした。きれいな服を着ていなくったって、人にかわいいと認めてもらえなくたって、私の犬は、かわいい私の犬なのだ。

人間の服にも関心がうすい私は、犬用の服については本当に門外漢なのだが、ここ数年、自分で直接悩んで、買って、着せてみて、自分なりの基準ができた。適切な素材を使っていて、犬の動きを制限しないこと。いろんな体型の犬すべてを満足させることはできないだろうが、人の服みたいに袖を胴体の両脇につけるような真似をしていないこと（四足歩行の犬の服は通常、袖が身ごろの前のほうにつく）。もちろん、まったく不要のフリル、シースルー、レースといった飾りがついた、ひたすらかわいく見せるためだけの服は避ける。

愛犬の安全と健康のためなら、真夏の紫外線や虫、突然の雨を防いでくれる服や、真冬の寒さから守ってくれる服だけで十分だ。ピーナッツは歯ぎしりするくらいの服嫌いなので、最近はほとんど服を買っていないが、正直、かわいい服を着せたいという衝動に突然襲われることがある。そういう気持ちをなだめつつ、秋や冬になったら何を着せようか、どんなにかわいいだろうかとワクワクしながら暑い季節をやり過ごすというのも、ささやかな楽しみだ。

ペットと一緒に暮らせば、その小さな命一つのせいであきらめざるをえないことはとても多く、おまけにお金も、時間も、体力もたくさん必要になって、生活はいつも不自由で騒がしくなる。自分の生活が制約されるのに、どうしていつも幸せと感じるんだろう？　携帯の画像フォルダーは愛犬の写真だけで数万枚以上になり、世間の人々にうちの子のかわいさを知ってほしいという気持ちが、心の片隅に礎石のように据えられている。

犬によって日常生まれる感情の総量を１００とすれば、あれこれのストレスが60、幸せが40、でもその40は、いつも１００まで膨らんで私をいっぱいにする。60のストレスの中には、愛犬を失った後に苦しむだろう自分への、不安や懸念も含まれている。

私は、中学生のときからパンダマウス、ゴールデンハムスターといった小動物を長い間育てていた。小動物は寿命が短いほうだから、２年くらいで虹の橋を渡っていくのを見送る、という経験をずいぶんした。旅立つ頃になると新しい子を連れてきて、絶対に空席を作らないようにしていたが、果たしてピーナッツが旅立つ頃になって、別の子のことなんか考えられるかどうかわからない。おそらく、できないんじゃないだろうか。

初めてピーナッツを連れてきて、容赦なく飛んでくっつく犬の毛がストレスだったときに脳裏をよぎったことが、いつも、かすかではあるが心の片隅にとどまり続けている。今私にひっきりなしにコロコロを転がさせ、掃除機をかけさせているこの厄介な毛が、いつかピーナッツがいなくなってからの数年間もひょっこり顔を出して、私に「元気？」と普通に声をかけてくるんだろうという、悲しみの予感だ。

ピーナッツを連れて友達の車に乗ったり、友達の家に遊びに行ったりすると、そのわずかな時間に抜けた毛が、片付けても片付けても数日間はずっと出てくるという。長くてもせいぜい1泊2日しかいなかった空間でその程度なんだから、数年一緒に暮らした空間ではどれほどたくさん出るだろう、そう思っただけでもう怖い。ピーナッツがいなくなってから出会うピーナッツの分身は、大きな絶望として迫ってくるのではないだろうか。そうやって出る毛がだんだんに減るたびに、もうこの世にいない子を再度送り出す気分になるのは明らかだ。

先に虹の橋の向こうにピクニックに出かけた愛犬が何を望むか、飼い主には絶対にわからない。良い思い出としてしょっちゅう思い出すのも、つらい思い出として二度と思い出せないのも、単に人間の性格による選択だ。

想像するだけでも悲しみがこみあげてくることに耐えられず、今はペットの死に関連するすべてを避けているけれど、いつかいなくなることは覚悟しているし、ペットロス症候群（ペットが死んだときに感じる憂鬱や喪失感）に備えるべく、努力はしている。1キロあたり5万ウォンもするゴージャスなエサをあげることはできなくたって、無理をせず、私とピーナッツが一緒に幸せでいられる範囲で精一杯のことをするのが、ピーナッツ亡きあとの後悔を減らす方法だと結論を出した。後になって自分の初めての犬を思い出すとき、後悔よりはハッピーな気持ちをより思い出せるように。先に旅立って私を待つ愛犬が、つらそうな私の姿を見て悲しまないように。

本当に愛に満ちていて、そして半分くらいトチ狂っていた、世界で唯一の私の駄犬との多事多難な日々。それらを楽しく思い出せるよう、喜びや幸福、楽しかったことだけじゃなく、胸が張り裂けそうな悲しみや骨身に染みる恋しさ、「私と一緒で本当に幸せだったかな？」という一生答えの出ない問いまでも、私の家族であり友人だったピーナッツが与えてくれるプレゼントとして、受け入れるのだ。

デフォルト：財テク

独り立ちは、怖い。だけど、口に入れる良質の食べ物、一日の終わりに完全に休息できる自分だけの空間があれば私たちの独り立ちは、もっとラクになる。女性に一番必要なものは高級車やビッグマネーじゃなく暮らしを支えてくれる「私だけのもの」。

本物の私の家を探して

無計画ひとり暮らし 10年目の独立日記 エス

フェミニズムを知り、完全に自分のための人生を探すという過程で、たくさんのドラマチックな変化を経験したが、お金に対する態度はあまり変わらなかった。私はもともと、あまりお金に興味のない人間だ。以前から「お金と名誉のどちらか選べ」と訊かれれば、迷うことなく「名誉！」と叫ぶ人だったから。それで周りの友人から「どうしようもないなあ」とからかわれても、負けずに「お金よりも自分の名前を有意義に残すほうがずっといい」と一貫して言い続けていた。

とくに以前の私は、経済観念というものがほとんどないのと同じだった。200万ウォンを稼いで180万ウォンぐらい使っても「あっ、20万ウォン残ってるじゃん⁉ そっちは何に使おうかな？」と考える人間だった。貯蓄なんて、頭の中に存在しない概念だった。今振り返ると、それほどまでに先のことを考えずに生きていたことに改めて驚く。おかげでいろいろな経験をしたし、自分の好きなものがちゃんとわかっているほうだが、同年代よりぐんと少ない資産を見ると、胸の隅がチクッとすることは否めない。

そんなふうに、いつもお金との心理的な距離をきっちり保って暮らしてきたのだが、珍しく「覚醒」してからは、貯金の金額が変わってきた。着飾る喜びが人生で非常に大きなウェイトを占めていた頃は、毎月ネットショッピングで7、8着は服を買っていたし、コスメや美容室、下着やネイルショップなんかにたくさんのお金を使っていた。今は化粧もカラーリングも不要になったが、となるとファッション好きの財布の中身はどこに向かうか？　ホンサムピギョル活動時、季節ごとのコーディネート動画を作ってアップしたくらい、あいかわらずファッションは好きだ。だが、不思議なことに脱コルセットする以前とは、費用が雲泥の差なのだ。最近では、季節の変わり目にまとめていっぺんに服を買って、普段はシンプルながらも好みの服を適当に着まわしている（それでも周りの友人に比べれば服が多いほうだ）。結果、そういう部分が少しずつ貯金に回り、通帳の金額がだんだんに増えていった。加えて、ラクで健康になれるというおまけ付き！　これが脱コルセットをして自然に節約できた理由だとすれば、意識的に節約するようになった理由がある。ちゃんとした「自分の空間」を持ちたい、と熱望するようになったのだ。人間の生活の三大必須要素、衣・食・住のうち、ここのところ最も価値が大きくなっているのは、断然「住」だと思う。

大学進学と同時に上京して、自然に独立することになったから、自炊経験は長いほうだ。早くに母父のもとを離れてひとりで生活をやりくりすることは、貯蓄には明らかに大きなダメージだ。だが、もし周りの人が安定と独立の分かれ道で悩んでいるようなら、一度は独立をしてみたら？と積極的に勧めている。母父と一緒に生活していたときには当たり前だった場面——家に帰ると食事が用意されているとか、冷蔵庫を開けるといつも作り置きのおかずが一つや二つはあるとか——はもはや期待できない。独立というのは、完全に自分の力で、衣・食・住のすべてを解決しなければならないという意味だ。

私は、家計簿どころか、おこづかい帳だって1ページ以上書いたことがないくらい、金銭管理に才能がない人間だ。欲しいものはすぐに買い、やりたいことはすぐにやってしまわないと気がすまない。そんな私の生活習慣が、独立後、何度かのピンチをくぐり抜けてようやく変わった。欲しかった高い電子機器を買ったり、おいしい居酒屋を発掘したりなどで家計管理に失敗した月は、食事をどうにかするお金がなくて1週間豆乳ですませたこともあったし、毎月の家賃を払えそうになくて、もうすぐ寝る場所もなくなるんだと思い眠れなくなったりもした。また、突然まとまったお金が必要になるときに備え、予備費も貯めておかなければならないことを知った。光熱費はいまだに難しくて、夏にはエアコンのつけすぎ、冬には暖房のつけすぎで翌月の費用が上がるんじゃないかと、いつもヒヤヒヤしている。

それだけじゃない。独立というのは、自分の空間を守るための、絶え間ない死闘の連続だ。

不動産屋にいい条件を聞かされて契約を決めた翌日に、突然「他の人に売ることにした」と契約を取り消されたこともあったし、新しく入居したウォルセの借家人[40]だという理由で、大家から一方的にゴミの不法投棄の犯人と疑われたこともあった。入居してすぐに不具合を見つけ、修理するつもりのない大家と一戦交えるのは日常茶飯事だ。すべて、今なら黙ってされるだけにはなっていない事柄である。そんなふうに、ひとりで自分の人生を切り盛りする経験は、私の心理的な独立に一番役立ってくれた。

納付書の支払いや大型ゴミの廃棄ぐらいのことはサクサク処理できるようになった、ひとり暮らし10年目。年齢の十の位の数字が一つ変わるまでに、合計4回引っ越しをした。考試院(コシウォン)[41]から始まって寄宿舎へ、大学の前にあるワンルームマンションの13平米の部屋へ、その次はメゾネットタイプで家具がオール作り付けのオフィステル[42]、そして今、マンションにチョンセで暮らしている。実は20代半ばまでは、誰にも邪魔されない自分だけの空間ができたということだけでも感激で、「ワンルームでも一生いけるのでは？　ひとりで生きるのに、なんで大きな家が必要なの？」という感覚だった。だが、快適な家への渇望が大きくなった今はわかる。あれは、独立の自由を満喫することで何も見えなくなっていた、20歳の誤算だったことを。

13平米のワンルームに住んでいたときは、その空間を自分の「家」だと思っていなかった。

しばらくとどまるところ、あるいは休憩したり眠ったりするところだったたし、だからその空間を整えることにも気が行かなかった。おわんや食器も、なんとなくダイソーで1000ウォンのものを買い、必要な家具があったらザザッと検索して安いのを買った。いつ引っ越すかわからないから、大きな家具には見向きもしなかった。マットレスだって、近くに住む友人が捨てようとしたものを「ちょうだい」と言って運び入れ、それを敷いて何年も寝ていた。

食事も、ほとんどは床の上に座って食べていた。床に座って食べるのが嫌になると、外に行って買い食いをした。そんなふうに暮らしているうちに、腰は床生活の開始時点よりもしんどくなり、体調も悪化した。家を片付けなくちゃという気持ちも薄れて、物を使ったら適当に散らかしたまま仕舞わなかった。どうにかして整えたいと思う空間ではなかったから。生活を保つという感覚は、そんなふうにしてだんだんに鈍っていった。

料理をしたい空間ではなかったから、台所として用意されていたスペースにはそもそも手を触れなかった。外に出かけても、適当にコンビニで弁当やおにぎりを買って食べたり、どんな

40 最初に高額な保証金を払って入居するチョンセではなく、月極家賃のウォルセの場合、まとまったお金を用意できない入居者、と見なされることがある。

41 もとは国家試験等の受験生が利用した、狭小の住宅。

42 オフィスとしても使用できる集合住宅。

食堂も味は度外視で、ひたすら安く一食をすませたりした。そういうふうに、生活を支えるたくさんのことを、「適当適当」で間に合わせた。思えばあの頃の私は、この街に入り込んで定着するのではなくて、体だけが中途半端にあたりを漂っているような感じだったと思う。そんな数年を暮らすうちに、好きなものへの感覚がゆっくりと消えていった。

そして、3年ほど前、妹と一緒にマンションに住むことになった。いくら、ギリギリ2DKといえるくらいの狭い部屋でも、マンションでの生活は、ワンルームやアパートの2DKとはまるで違う感覚をもたらした。通りから入ってすぐに家の入口があるのではなくて、一度警備室の前を通る必要がある。団地だから、中のセキュリティシステムを一度通過しなければ家には来られないということが、大きな安心を与えてくれた。

空間への愛着が生まれると、不思議なことに、前とはうって変わって、部屋の中を一つ、二つと好きなもので埋めていくようになった。自分は原色とメタルがいい感じに混ざった家具が好きで、家にはベランダが必須だと思っているのだと気づくまでに、本当に長い時間がかかった。仕事が終わっても家に帰るのが嫌で、あちこち寄り道していた以前とは違い、安心して休める「マイホーム」へ帰るのが待ち遠しくなった。玄関のドアを開けて、私を出迎えるショウガの脇を通り過ぎて（今はショウガに代わって、すっきり片付いた玄関が私を出迎えてくれるが）、ただもう自分の好みで満たされた空間に足を踏み入れると、安心感が押し寄せてきた。数ヶ月悩みに悩んで選んだテーブルとラック、季節ごとに色彩やパターンを変えているベッドスカートや寝具、就寝30分前に布団にそっと振りかけるファブリックミストの香り……。

そのとき、家という空間が、何かを夢見て人生を歩き続けるエネルギー貯蔵庫にもなり得ることを、全身で感じた。

人生を後押しする力は、「完全に自分のために用意された家」という空間から生まれる。「快適な自分の空間」への渇望が強くなって、それに合わせて自然と不動産への関心が高まり、マンションの請約(チョンヤク)[43]もしたしチョンセのためのローンも組んだ。そのプロセスでつくづく感じた。自分はひとりで暮らす女性だから、家を買うとき、他の人たちとは明らかに違うスタートラインを引かれるんだということを。

私がスタートラインにようやく足をのせた段階で、他の人はとっくに出発していることもあったし、結婚をしていないという理由で、私には最初から資格さえ与えられない場合も多

43　不動産購入のための定期積み立てができる金融商品。請約をすることによって一定期間後に新築の分譲マンションを購入する資格が得られる。

かった。稼ぎ手が二人いることでメリットを得られる部分もあるが、韓国では「新婚夫婦」という名刺が、マイホーム市場でものすごいパワーを発揮する。その二人は、国家認定の「異性愛正常家族」という垣根に守られて、私よりはるかに好条件の融資を受けることも可能であり（金利がほとんど2倍の差である！）、請約や公共住宅の契約もはるかに有利に行うことができる。

「今からでもちょっとずつマイホームを買う準備をしておかないと、おばあちゃんになってからも家を転々としているかも⁉」という不安に、肌がひやりとした。私が金のスプーン[44]かなんかでソウルに家の1軒でもあればいいけれど、実際は、学費のローンだけをなんとか返し終え、チョンセのローンを莫大に抱えた、平凡な一会社員でしかないのだから。

私はいつも「どうにかなる！」「全部うまくいく！」というノープランの自信を抱えて生きてきた。だから、未来の生活についてもとくに心配していなかった。しかし、年齢の十の位が2から3に変わり、あちこち引っ越し回るのにもうんざりするうちに、毎月の家賃の心配がなく誰の顔色を窺う必要もない、いつだって消えずにその場に存在する自分の空間がほしいと、熱烈に思うようになった。

先日、済州（チェジュ）島から戻る飛行機の窓から、びっしりと立ち並ぶソウルのマンションを見下ろしてこう思った。「この街のどこかに本来の私の家が……あるかな？　あるよね？」そんなわけで、最近は財テクとの心理的距離を縮めようと努力中だ。第2、第3のパイプライン開拓のために自分が新しくできることは何だろうかと考え、株も始めた。前みたいに無計画に給料を使いきらないよう、通帳も分けて管理するようになって、請約も、のちのち必死でお金をかき集めることになるかもだが、とりあえずは申請してみる。

なかなか目覚ましい成長ぶりじゃないか？　もう少し早くから経済観念を搭載していればどんなに良かっただろうとは思うが、過去10年のひとり暮らしの経験が、遅まきながら私を正しいところへ導いてくれたことに感謝している。自分の空間へのこの切実な願いを手放さずにいられるよう、今日も、退職したい気持ちをぐっとこらえて出勤する。どこかにあるはずの私の家に、さらに一歩近づくために！

44　2010年代韓国では、親の財産によって階級づけする「スプーン階級論」が広まった。金のスプーンは富裕層の子どもを意味する。

安定した人生は、安定した住まいから

エイ

非婚を決心してからの最大の悩みは、断然お金のことだ。はじめのうちは、結婚しないし子育てもしないから、そのぶんお金は残るだろうと思い込んでいたが、自分ひとりで一生自分の面倒をみるためには、ひょっとしたら結婚した人よりもっとたくさんのお金が必要かもしれないと気がついた。

「他人の介入なしに自分ひとりで稼いで、自分という人間のすべての部分に、最後まで責任を負わなければならない」

ある意味当然のそのことが、非婚を決心してみると大変な負担に思えた。まだ若くて能力がある今のうちは、ある程度仕事を休んでも大きなダメージはないが、年齢を重ね、理由はともかく経済活動ができなくなった場合、助けてくれるのは自分の貯金だけだ。さらに、いつ来るかわからないその時点で貯金が充分でなければ、どれほどつらい人生になるかは想像がつく。非婚でずっと生きるとすれば、シェアハウスや同居、夢物語に近い非婚タウンといった特別な

ケースを除いて、おそらくひとり暮らしになるはずで、果たして今の収入でどんなところで、どんな老後を生きることになるのか、お先真っ暗だった。

私は帰巣本能が強い人間だ。なじんでいる場所でこそ排便活動がうまくいくし、海外旅行に出かけても、5日目くらいで家が恋しくなる。見慣れているところを抜け出して、遠く、新しく、知らない人がいる未知の場所に出かける休暇が楽しいのは、帰ってきてへとへとの身体を休ませることができる、なじんだ家があるからではないかと思う。このように、安定した人生は安定した住まいから生まれ、安定した住まいを手に入れるためには経済力がマストだ。だが、韓国、それもソウルで、今や非婚主義者になった私が、安らぎを得るためにひとりで家を買おうとすれば、まだまだ道のりは遠く思える。

個人の経済力だけで安定した住環境を整えることがますます難しくなっているこの時代に、政府は、新婚夫婦と大家族を中心とした住宅政策を打ち出している。単身世帯と非婚女性は、相対的に住宅の購入が不利にならざるをえない構造だ。青年住宅、青年チョンセ／ウォルセ支援、シェアハウスなど、さまざまな社会的住宅や支援制度が生まれているが、私たちは、さまざまな賃貸住宅から一つを選択するより、「マイホーム」が手に入る解決策のほうを、より必要としている。おまけに、ペットがいる私のような人間には、ペット不可の賃貸住宅は絵に描いた餅なのだ。だからといって備えをしないまま未来を迎えたら、いつみじめな状況になるかわからないから、ひとまずはすぐにできる財テクに取り組むことにした。

お金の話は難しいし面倒と、関心を持つことさえなかった財テクに初めてチャレンジしようとして、途方に暮れた。そして、途方に暮れたことで萎縮した。ありとあらゆる専門知識が氾濫する海のど真ん中で、紙の船のはじっこをなんとかつかんでいるような状態で、情報の暴風に巻き込まれているから、しっかりしようがないのだった。周りを見回すと、誰もがぐいぐい前に出て稼いでいるみたいに思え、気後れして焦りばかり抱く時期だった。

預金、積み立て、CMA、保険、株式、ファンド、金投資、商品券テク、FXなどなど、いまだにすべては知りつくせないたくさんの方法があって、みんな次々と新たなやり方でお金をかき集めていた。

何でもいいからとにかくやってみようと思った頃にちょうど株式ブームが起きて、周りの流れに逆らえない的な感じで、チラッとやってみた。当初は、ちゃんと勉強して準備してから始めようと思っていたのだが、勉強には到底終わりが見えなかった。たくさんの情報が未整理のままぐちゃぐちゃに頭の中を埋めつくした。細かく勉強しようと思えば思うほど、投資に取りかかる時期が遅くなるばかりじゃないかと焦りを感じた。

「チャートを見るとき、何が大事って言ってたっけ？ 20日線か？ あっ、出来高を見ろ、だっけか？ えーい、知るか！」

ひたすらギュッと目をつむって、10万ウォンを友達のおすすめ銘柄につっこんだ。捨て金だと思ったし、なくしたらなくしたでしょうがないとも思っていた。何も考えずにしたことだったが、実際に自分のお金が上下する緊張感を味わってみると、自然と勉強になった。衝動的に株に足を突っ込んでから軽く2年が経ち、今は長期投資を中心に積み立てのように転がしているが、銀行の預金の利子よりは、物価の上昇率を反映した株式の収益率のほうが高い。この前は非上場株式の取引ができると知って、初めて公募株にも申し込んでみた。

たまに職場の先輩が、通勤途中に短期投資で数十万ウォン稼いでいるのを見ると興味がわくが、自分がかける時間と抱えるストレスに比べたら儲けは少ないとわかっているから、デイトレードはしないでいる。何かに追われるように一日に何度も売り買いをし、銘柄分析のためにハイエナみたいに情報を検索するというのは、私には向いていない。一つずつ、ゆっくりと学びながら、いつか自分の性格に合う投資スタイルを見つけるつもりだ。

近い将来に独り立ちするとなったら、私がたどり着けるところはあまりない。安い家ほど治安が良くないのが現実で、突然誰かが数億ウォンを現金で握らせてくれない限り、自分のお金で買える家は、治安までは期待しづらいレベルだ。それを、安心して休息ができる家が入手可能なレベルに引き上げるぞと、自分の残りの人生全体をあらためて計画し直している。

家は、そのすみずみに住む人の手が感じられる最も個人的な空間だ。外の世界のさまざまな波にもまれて疲れきった体と心を横たえ、リラックスできる休息が保障されていなければいけない。食べたいときに食べたいものを食べ、家事を少しサボっても誰の顔色も見なくていいダラダラした幸福のために、ひたすら慎重に、黙々と、自分だけの部屋を持つことを待ちわびている。よく調べもせず慌ててお金を使ったならば、裏切られる結果に終わるのが常だから、焦りは禁物。自分が夢見ていた安全な住まいを整えるまで、ゆっくりと、しっかりと、積み上げていくのだ。

デフォルト：キャリア

ずっと走り続けていると、座りこみたくなる瞬間が来たりもする。座りこんだら二度と立ち上がれなくなりそうで自分にムチ打つこともあるけれど、私たちにも休息は必要だ。他の女性を助けるのも大事だが、その前に、生涯をともにする、そしてやはり女性である自分を、まず助けよう。これからをさらによく生きるために、もっとちゃんと、自分を気づかってあげることにしよう。

私は一生けんめい一つの井戸を掘るより、十の井戸の水を味わいたい

エス

2、3年ごとに、しんどくて落ち込む時期が必ずあって、周期的に訪れるその時期を、私は「人生ピンチ」と呼んでいる。大人になってから人生ピンチになったのは計4回くらいで、何度か経験するうちに、今ではそれなりのデータができている。

とりあえず、大体の人生ピンチは性格的な部分からきている。私は生まれつき、一つのことをしているとすぐに飽きが来る性格だ。一度、心理相談センターで自分の気質を調べる検査をしたことがあるが、「刺激を求める」の項目で上位2％に入っていることがわかった。ひっきりなしに新しいことを追い求めて、一つの場所にとどまっているのがしんどくなる。

趣味を一つ始めても数ヶ月もたない人、長期戦の勉強が絶対無理な人、同じ席で同じことを1時間以上できない人、それが私だ。もちろん、ソウルにも定期的にうんざりするので、あちらこちらへ旅に出かけていて、国内でも海外でも回らなかった場所はない。成人してから作った分厚い10年期限のパスポートは半分以上が埋まっているし、そのほとんどは、何の計画もなく航空券と初日のホテルだけを予約して出発した。占いで「あちこち走り回る運命」と出ても、マジでそういう運命だよな、と笑い飛ばしていたが、それが自分の気質によるものだと聞いて、少し納得できた。

おかげで、あれこれ試したことも多かったし、同年代に比べればいろんな方面で経験豊富なほうだ。語学も、あれをちょっと、それをちょっととかじったから、だいたい5ヶ国語は初級レベルで話せる。関心を持つと全部調べつくさないと気が済まない性格だから、雑学も多い。もしあなたの飲み会に呼んでもらえたら、酒のつまみになるネタが枯れる心配はさせない自信がある。

そんな気質は、職業を選択してキャリアを重ねるときにも存分に発揮された。とはいえ、仕事においては、一つの井戸だけを一生けんめい掘る人が成功する、というのが定説ではないか。[45] どんな分野でも、1万時間やるとその道の専門家になるという「1万時間の法則」もある。同様に、一つの職場や分野で10年やれば、ある程度の状態になって認められるという。もちろん、10年という時間は決して短くないが、私にとっての10年は、関心分野を5回くらい変えてもまだおつりがくるくらい、長い時間だ。

22歳のとき、大学の紹介で、あるデザイン事務所にインターンとして勤めたことがある。

2ヶ月の短いインターン期間中に、私が聞かされた「やり直し」という台詞を全部つなげたら、歌一曲分になると断言したい。多くのデザイン事務所がそうであるように、あたりまえになっている残業はインターンにも該当するので、会社から1時間かかる家まで帰るのに使った未明のタクシー代だけで、合計約100万ウォンは越えたはずだ。

大部分のデザイン科の学生は、自分の創作意欲を花開かせることを夢見て大学に進学している。だが、実際にそれができるデザイナーはごく少数だ。企業に就職すれば、自分の好みは無視で、ひたすらお人形遊びでもするみたいに、クライアントと上司の両方から飛んでくる要求通りに、忙しく両手を動かすだけだ。2ヶ月間の過酷で極限の社会人生活を経て、私はデザインに完全に飽きてしまい、果たしてこれが自分の進む道だろうかという悩みに頭を抱えて、かなり想定通りの結論を下す。イッツ、休学タイミング。

しかし、あてのない休息は当然答えを与えてはくれず、私は、何でも体験するべきだと考えてアルバイトで貯金をして、逃避するみたいに3ヶ月のタイ暮らしに旅立った。当時は、数ヶ月ステイする、という概念が今ほど流行していなかったから、あらゆることを自分一人で調べ

45 韓国のことわざに「井戸を掘るにしても一つの井戸を掘れ（一つのことを究めてこそ成功する、の意）」というものがある。

なければならなかった。バンコクで3ヶ月間滞在するプールつきコンドミニアム（韓国のマンションに似た感覚。保証金なしで月単位のレンタルが可能）を押さえ、「お金をどうやって使うか」だけを考えて過ごした。タイ料理があまりに口に合いすぎて、毎日新しいお店を開拓した。ランチを食べて、時間があまったら宿に戻って泳いで、夜になったら現地で出会った人たちとお酒を飲んだ。都市の生活に飽きたら、美しい東南アジアの海辺が待つ島へと旅に出た。

そうこうしているうちに帰国日がだんだんと目の前に近づいてきた。それは、もうすぐ休学も終わる、ということを意味していた。この道をずっと進むべきかさえ決められなかったのに。この道を進まないとしたら、デザイン科は辞めなければならないんだろうか？　あれほど希望していた大学と学科だったのに。最後の1ヶ月は一日一食しかとらず、ベッドの上でゴロゴロ過ごすだけだった気がする。海外旅行に来てまでうつ状態なんて、あれほどもったいないこともなかった。

仁川（インチョン）空港へ向かう航空機の中で、心はほとんど、岩を一つどっかり置かれたみたいに塞いでいた。あいかわらず、過去の努力と新しい未来のはざまで決定が下せないまま、新学期を迎えた。あのときは、これが最初で最後の進路の悩みだろうと思っていた。

しんどい時期というのは常に、人生が大きな分かれ道にさしかかったとき、あるいは人生が思い通りになるどころか挫折をもたらすときに訪れる。私の二度目の人生ピンチは、マーケターとして仕事をしていた時期にやってきた。医大でもないのに4年制大学に6年も通って、やっとの思いで卒業すると、本当に自分がやりたい分野かもよくわからないまま、それでも自分の能力と興味が生かせそうなマーケティングの分野にチャレンジした。異常な就職難と競争率で、たびたび最終面接に落ち、結局は、これ以上就活生活に耐えられない、どこでもいいと飛び込んだ。幸い、今度はきっちり定時の退勤が保障されていたが、3ヶ月経って問題が起きた。

ストレスがあるとすぐに体に出るほうなので、きまって月に一度、緊張の糸が緩む週末に、胃けいれんで救急室に運ばれた。当然一つの会社で1年がんばるのは無理で、だから2か所でそれぞれ1年ずつ働いた。

二つ目の会社を辞める日、いきなり大学院留学を決心する。そんなふうに三度目の人生ピンチが訪れた。2年間、飯のタネにしていたマーケティングだから、この機会にビジネススクールに行ってみようと思ったのだ。デザイン能力に経営側の知識を合わせれば鬼に金棒じゃん？と考えた。さらに、再び原動力となったのは、デザインの徒だった時代から夢見ていた留学への、スプーン1杯ぶんの未練。そんなわけで、約1年間CV（履歴書）、英文の自己紹介文など、各種の書類の準備とあわせて、IELTS試験[46]で必要とされる点数に届くよう全力を尽くした。

みんなが同じところを見て走っていた高校生の頃とは違って、周りに一緒に戦う人が誰もいない、ひたすら自分との長い戦いだった。全部で3か所を志願して、うれしいことに結果はすべて合格！　大学の入学担当部署から、私の名前が手書きされた入学受入れ書を受け取ったとき、どれほど幸せに感じたか。なのに、いざ出発しようとすると、意外なところでブレーキがかかった。

進路について疑いも悩みもせず、「合格」だけを目指してひた走ってきたけれど、叶ってみて初めて、その目標をじっくり観察することになったのだ。果たして私は、1年（イギリスでの修士課程は1年だ）、または2年の修士生活の後に、それに見合うだけの報いを得られるだろうか？　すでに4年、いや6年の大学生活を丸ごとムダにしてしまったという戦績があったから、急に怖くなった。もちろん、時間とお金、二つのうちのどちらか一つでもかからずにすんでいたら、大人しく行っていたと思うのだが、海外留学はかなりの時間と費用を要する。苦労して少しずつ貯めたお金と、父からの借金、それらをいっぺんにぶち込んでレースに参加するのには、自分の選んだ競走馬に自信が持てなかった。結局、その機会費用を投資するのは無理だと考えて、留学の道をあきらめた。

90年代生まれはとくにしんどい世代だと、よく言われる。ＩＭＦ危機から続いてきた長い不況、低成長時代、ベビーブーム、いつの時代よりも酷い就職難……他の90年代生まれ同様、私もしんどい放浪を続けつつ、熾烈に悩んでいた気がする。ずっと放浪してきて、いよいよ0から再スタート、という感じだった。過去の文脈や歴史をなくした状態で、どこからどんなふうに始めるか。落ち着ける拠り所から、新たに選び直さなければならない。

そんなさなかにエイと出会って、本格的にYouTubeでフェミニズムの創作活動を始めることになった。動画撮影にはかなり慣れているほうだったが、他の人に有益な情報を伝えて、その人たちを満足させるという商業的な動画制作は初めてだった。企画案から台本の作成、ロケ、編集まで、すべての創作過程を私たち二人でこなした。それを手始めに、現在では雑誌を刊行し、こんなふうに本を作る作業もし、文章もずっと書いている。もちろん、その過程で大変なときがないと言えば嘘になるが、創作活動ができること自体は、私に大きな充足感を与えてくれる。誰かの許可を取ることなく、自分の創作欲求を思う存分燃やすことができるなんて。インターネットの世界、ばんばんざい、だ。もともと、創作は治癒行為と言われていなかっただろうか。やっぱり私がデザイン科に行ったのは、全部創作欲求があったからなんだと思う。

46 International English Language Testing Systemの略。イギリス発祥の、英語圏の国への留学、就労等に必要な英語力を測定する試験。

そんなわけで、やろうと思えばやれることも、やってみようとしたことも多いのだが、誰かに「何が得意？」と聞かれたら、パッと答えられない。成果としてわかりやすく差し出せるものがないからだ。1行に要約して「私は○○をしている人間で」と言えればすっきりするのだろうが、私の歴史は、そんなふうに1行でまとめるにはあまりにもややこしすぎる。何度かの峠にぶち当たるたび、他の人は会社であれ学校であれ、ちゃんと我慢してがんばれているのに、どうして私はこんなに忍耐力がないんだろうとたまらない気分になった。一つの場所で落ち着けずにあれやこれやしてしまう自分を、いつまでたっても分別がないと感じもした。一番怖かったのは、未来を思い浮かべたとき、自分が何をしているか、その姿をイメージできなかったことだった。一時期は、未来の自分がささやかな職場さえ手にしていない気がして、一晩中眠れなかった。

そして、30代になった今も、私の進路の悩みは現在進行形だ。周りの友人たちはすでに立派な社会人7、8年生となり、それなりの安定を手に入れているが、そのあいだに私は、2、3年周期で自分の進路に真剣に悩み、「人生ピンチ」を味わっている。ある日突然修学能力試験[47]を再受験しようと決心していても驚かないくらい、すぐ5年先の自分が何をしているか、まるで見当がつかない。

そういう私は、数限りなく倒れては立ち上がり、ときにはなんとか這い上がることを繰り返しつつ、いまだに、どこへ続くかわからない洞窟の中を通過中だ。でも、その中でもかなり前向きな成果があるとすれば、それは、人生と取っ組み合いながら、自分についてよく理解できるようになったことだと思う。2年間の会社員生活で、自分が組織での生活に合わない人間だとつくづく思い知らされた。与えられた仕事以外のことにも気を遣わなければいけないのが社会人生活で、人間関係なんか1、2種類ではきかないからだ。オフィスで席についている1分1秒が、空気読みゲームでもしているような気分だった。だが、フェミニズムの創作活動を始めてから、他人に干渉されない純粋な作品活動と型通りの仕事、その二つをちゃんと調節してこなせているとき、一番満足感があると知った。

過去の私の「人生ピンチ」の瞬間を振り返る。まるで、「自分探しシミュレーションゲーム」をしているみたいだ。難易度が高いせいか、どのステップも前のステップよりはマシな選択だと確認できると、満ち足りた気分になる。そして、すべてのステップはまったく別の方向を向いているようでいながら、そのあいだには関連があることに気づいた。

今私は、創作活動と本業の二つを並行している。アルバイト程度に思って面接を受けた仕事

47 大学共通の入学試験。大学入学共通テストに相当。

に、思いがけず腰を落ち着けることになった。以前の努力は挫折に終わったが、その放浪の過程で手に入れた能力を活用している。それと、自分がどんな仕事に合わないのかわかったので、そういうことから受けるストレスも減った。今の仕事は余計な社会人生活をしなくてもいいし、他人とぶつからなくていい。また、自分にはこの仕事の素質がそれなりにあるらしくて、今まで経験した仕事の中で一番の満足を感じながらやっている。本当に、人生はわかったようでわからない。今のところは、この業界でよりいいポジションに着くために、大学院進学を検討中だ。もちろん、いつまた考えが変わるかわからないけれど。

目に見える成果がないからといって、自分の経験まで消えたわけじゃなかった。むしろその経験が、今の私を作る養分になったのだ。これからは、そういう自分を認めることにした。世間には、一つの井戸だけのぞきこんでいる人もいれば、いろんな井戸を回って、少しずつその水を味わう人もいるんじゃないだろうか？　考えてみたら私は、その都度、やりたいことに忠実に人生を生きてきていた気がする。

今後は、不透明な未来への心配を、期待に変えてみようと思う。もちろん、人生ピンチがまたやってきたら再び不安に襲われるだろうが、以前よりは自分がよくわかっているから、ずっとそうしてきたように、賢明に新たな道を見つけるはずだと信じている。２０１８年、みんなそれぞれに進路について悩みを抱えていたある集まりで、私がした新年の乾杯の音頭を思い出す。「本性に逆らわないでいこう！」

夢はないんです。ただひとりで、思うように暮らしたいんです

エイ

年を重ねても結婚せずに経済活動を続ける女性、というと、ステレオタイプみたいに持ち上がるイメージの「ゴールドミス」[48]は、メディアでもおなじみだ。そういう人々は「仕事と結婚しました」的なフレーズを人生のモットーにしていて、食事も抜きでひたすら前に突き進むワーカホリックの姿を、包み隠さず見せてくれる。結婚主義者だった頃の私は、結婚「できない」のなら、むしろドラマに出てくる女性のように、お金持ちで能力が高くて、ラグジュア

48　「オールドミス」を「ゴールド」におきかえた、韓国特有の言い回し。経済力を備えた30代から40代の独身女性のことを指す言葉。

リーなスポーツカーを乗り回すキャリアウーマンになりたいと思っていた。カッコよくて主体的な女性像に見えたが、実はゴールドミスは、かなり現代と上手に時代考証したファンタジーだった。

数年前、韓国の複数の銀行で、不正採用が次々と明らかになったことがある。人事担当者は高得点の女性たちをわざと不合格にして、代わりに、原則に従うのなら本来不合格になるべき男性たちを入社させていた。面接では「彼氏はいますか？」「結婚はいつするつもりですか？」みたいな質問で、女性のことを結婚すればいなくなる消耗品扱いしておきながら、そのあいだに男性の志願者をサクサク合格させていた。もちろん、男性たちはそんな質問をされていなかった。ひどく狭い採用の門をかろうじてくぐったとしても、そこからが始まりというだけだ。社会生活の中で数多くの差別に直面するのは、特定の何人かに限った話ではない。

10対6の賃金格差[49]が物語っているように、同じ職務、似たような経歴の男性の同僚が実は私より高額の年俸をもらっていたし、中間管理職クラスの女性の上司は、自分の昇進の順番が来ても、常に後輩の男性の昇進が先で後回しにされていた。チームの女性が妊娠すると、表向きはお祝いを言いつつも、陰では、あの人の仕事をこれから誰がやるんだ、彼女は退職しないのか、などさまざまな話が飛びかった。しかし男性社員の妻が妊娠すれば、祝福とともに男性は

「一家を担う家長」という理由で先に昇進する条件を手に入れていた。目標めがけて狂ったように勉強して、必死になって働いたとしても、隣にいた同期の男性に、当たり前のように昇進を追い抜かれもする。その同期が私より業務の熟練度が低いとか、人事評価、業務評価が良くないとかいうのは関係ない。自分がされた、されている、これからされかねない事例をすぐ脇で見つめながら、ゴールドミスになるという目標は本当に実現可能な話なのか、だんだんに自信を失った。

いかにも見かけ倒しで、時代は外身だけがよくなった。確かに、女性はいまや男性よりたくさんのことを学べるし、以前に比べたらさまざまな職業も選べる。だが、ひとりで自活し、安定した生活を送れるほど稼ぎのいいポジションにたどり着くまでに、どれほどの時間がかかるかは見当もつかない。実際に韓国の統計を見ると、男性管理職の割合は、女性より7倍も高いという。大学時代に誰より熱心に勉強し、たくさんの夢を抱いていた友達、これまで出会った中間管理職の女性たちは、みんなどこに消えたんだろう？　なぜ女性は、どれほどがんばっても管理職の職位につきづらいんだろう？　「女性優位」時代ともてはやされ、もはやガラスの

49　２０２３年に経済協力開発機構（ＯＥＣＤ）が公表した２０２２年時点の韓国の男女賃金格差は３１．２％だった。女性が、男性の賃金の６８．８％しかもらえていないことを意味する。ちなみに日本は２１．３％。

天井など存在しないと言われているのに、なぜ女性役員の数は極端に少なくて、ガラスの絶壁に追いつめられる女性が存在するのだろうか？

ガラスの絶壁に追い込まれた女性は、現実的に困難だったり失敗したりする可能性が高い業務の責任者にされ、危険な局面に対処する。高い職位に上がる過程で男性が感じる難易度と女性が感じる難易度は、決して同じではない。

こういう世の中で、非婚のフェミニストとして生きようとする女性にとって、野望は、必ず手にいれておくべき必須条件のように思える。フェミニズムの活動で会った人たちは、みんな同じようなことを言っていた。男性中心の家父長制社会は、女性があまりうまくいきすぎないよう、大きな夢を持てないように、女性を抑圧したのだと。女性の出世欲は、いい男との結婚を渇望することへと強制的に置き換えられたのだと。女性なら当然、これまで与えられてこなかったものを欲しがり、許されてこなかった高い地位を求めるべきで、その終わりは絶対に成功でなければならないと。

ここでいう女性の「成功」は、大部分が高い地位や、たくさんのお金を意味するだろう。だが、非婚女性は全員能力があり、お金もたくさんなければならないという言い方は、女性がひとりで生きるつもりなら、男性中心の家父長制社会に認められるくらいの能力を備え、当然それに付随して財力もあふれていなければならないという、また別の「枠」になる。この枠が危険なのは、女性に倍厳しい就職市場、性差別が横行する社会人生活、男性中心の家父長制社会で、ひとり立ちすることに失敗した女性に残された選択肢が結婚以外ないのなら、やむをえずそれを頼みの綱にするという人も生まれるはずだからだ。

私は、子どもの頃から夢とか叶えたいこととかを持たずに生きてきたし、そういう自分の人生観に疑問を抱かなかった。契約職でも、単に1ヶ月稼いで1ヶ月飢えずにすみ、たまに友達と高くておいしいディナーに行って、見たかった映画も見て、とくに困ることのない今の生活に満足していた。女性に許される枠から外れない、いい感じの仕事を選んで、キャリアと呼べるような経歴を積みながらも欲張らずに暮らしたいという考えでいた。

フェミニズムに触れて非婚主義者になってからも、そういう考えは変わらなかった。かなり前にギリギリの成績で卒業したそこそこの大学と、当座の生活費を稼ぐため、面接に受かったところにかたっぱしから勤めて細切れになったキャリア。成功の前提条件からはとっくにかけ離れていた私にとって、野望というのはかなり遠い話だった。努力なんかせず、これまで通り適当に暮らしたいと思う日もあれば、突然、骨身を削る努力で一度くらいは高いポジションに昇ってみたいと思う日もあった。ごくたまのそんな日には、夢を叶えようと必死に努力している人を見て、間接的な満足感を得た。

野望、成功、経済力、地位、キャリア……。悩みでぐちゃぐちゃの頭の中で、時間が経つにつれて一つだけ、しだいにはっきりしてくることがあった。さかんに話題にされるような成功者のゴールドミスでなくたって、他人の基準に合わせずに、私は私なりに、思うように生きていけばいい、ということだった。女性に与えられる道が結婚だけではないように、成功もまた唯一の道じゃない。「結婚せずにひとりで思うように暮らす私」という文章に、「成功した」という修飾語がなくても大丈夫。今の自分の放浪の行き着く先がどこかはわからないけれど、いつか、やりたいことを見つけて叶えていけば、それが私の成功なはずだ。

歩んできた道がいろいろなメディアに大きく取り上げられ、他人のお手本になるくらい立派でなくても、自分の人生を自分で満たしながら生きていく。今目の前に見えるよりもずっとたくさんの道があることを、若い女性たちに知らせたい。優れた能力や天賦の才能、渾身の力をかたむけての努力、大きな夢なんかはなくても、自分はひとりでこの世の中をくぐりぬけていく、と強い決意を抱いてできる道がだ。

華やかでなくたって、自分で1歩ずつ踏み固めた道の上に、ひとりの人生をいっぱいに満たして生きていく人がいるとわかれば、したいことを「女性だと難しい」という理由で諦めたり、結婚と仕事のあいだで悩んだり、夢のない自分にがっかりしたりする理由などなくなるだろう。

努力でさまざまなことを成し遂げていく多くの女性たちにもっとスポットライトが当たってほしいと応援しながらも、他人の背中を追わず、自分の人生を自分のやり方で満たしながら進んでいくのだ。

自分との和解

エス

最近、占い師のところに行こうかと思う回数が増えた。あっ、これは私の精神状態がよくないシグナルだ。西洋人はつらいとセラピストを、東洋人は占い師を、それぞれ訪ねると言うじゃないか。東洋で巫俗信仰は心理治療の役割を果たしている。四柱推命や占いに行こうかと悩む日を過ごしているうちに、これは、今自分の心が苦しんでいるシグナルだと気がついた。

今回は西洋人ふうにしてみようと、ここのところ月20万ウォンずつ、きちんきちんとカウンセリングに投資している。カウンセラーの先生と出会えるカウンセリングアプリがあって、ぴったり合う人を見つけて電話相談をしているのだ。対面でなくていいので楽だし、先生との会話内容を記録できるのでますますいい。週1回、月に4回。最近、喉から手が出るほど行きたいと思っているヨガ教室の受講料2ヶ月分に匹敵する額だが、もったいなくはない。「母友娘（オムチンタル）」[50]「母友息子（オムチンア）」[51]という言葉がある。「ママの友達の娘さんはね〜」「お隣の誰かさんはね〜」で始まる比べっこは、韓国社会で生まれ育った人なら、誰でも一度は経験しているはずだ。それほどまでに私たちは他人と比べられて育つし、自分でも他人と比較しながら、自分の現在の価値を確認する。

私も例外ではなかった。生まれてからずっと、母の私への関心は成績だけに限定されていた。私は3歳でハングルを読み始めて、4歳のときに英語を覚えた。今、その年代の子どもたちを見ると、確かに驚くほど速いスピードだった。

いつからだったろう？　母が私に、「期待」という名の暴力をふるい始めたのは。自分に残っている記憶では、小学校2年生くらいからだと思う。私は放課後に運動場で遊ぶ代わりに、家に帰って学習誌や数学オリンピックの問題なんかを解かなければならなかったし、英語塾や数学塾に行けば、同年代とはレベルが合わず、いつも5、6年生のお姉さん、お兄さんたちと一緒のクラスにされた。教育庁の英才クラスに選ばれ、週末はそこに通わなければならなかった。友達と付き合う機会は自然になくなって、クラスの友達は、いつもごく当たり前のように、何の疑いもなく、私を学級委員に選んでくれた。

私が愛していた、いや、愛そうと努力していた母は、決して私に満足しなかった。母親は私が全校1位になったときだけ認めてくれたが、それだって必ず「次は、間違った問題も全部正解しなさい」という厳しい声が後に続いていた。

褒められた記憶があるのは、小学校6年生で全科目１００点だったときと、希望の大学に首席で合格したときくらいだった。たまたまミスをして2位になった日には、家へ帰る道がものすごく怖かった。試験が嫌いなのではなく、試験を受けた後に母に投げつけられる物や、恐ろしい暴言が嫌いだった。いくら一生けんめい努力しても、私はいつも、自分を不十分な人間だと感じていた。

中学生のとき、常に全校の1、2位を競っていたＡという友達がいた。学校帰りにＭＰ３を貸して、一日中メールをやりとりし、ネタが尽きれば英語塾でパソコンのリスニングファイルを聞くふりで、こっそりお互いのブログにコメントを書き込みしあったりもした。母にとってＡは絶えず私との比較対象であり、自分の娘を物足りなく感じさせる存在だった。

「あんたは毎日Ａと一緒にいるのに、どうして成績があの子より悪いの？　Ａは自習室にい

50　母の友達の娘。

51　母の友達の息子。

つも一番遅くまで残ってるんだってよ。あんたもそれだけ粘り強くなってみなさい。そんなんじゃ大学にも行けないよ」

恐ろしかった。高校生になり大学生になれば、自分より優秀な友達にもっとたくさん出会うだろう。世の中には賢い人がいっぱいいるのに、果たしてずっと1位になれるだろうか？　1位になれなかったら、愛されないのだろうか？　私の存在価値は勉強することにあるのか？当時の日記帳は、「私は勉強する機械」「どうして生きるんだろう」といった言葉で埋め尽くされていた気がする。私は、承認され愛されるために、絶えず自分の能力を証明しなければならなかった。私にとっての自分自身の価値は「条件付き」だった。

いつだったかAに、「あんたのお母さんも、毎日成績のことで私と比べてる？」と訊いてみた。返ってきた答えは予想外の「比べてないけど？」だった。母親がまったくそういうことを言わないというのに驚いたが、それよりうらやましさのほうがはるかに大きかった。母にひどく比べられ、叱られた日には、私をますますできない子に見せる友達が憎らしかった。その友達は、現在医師になっている。

私の人生で、他人はみんな自分の競争相手だったし、どんなに新しいことを始めても、人と自分を比較して、1位になれなければ激しい自責の念を抱いた。ざっくり言えば、完璧主義に閉じ込められていたのだ。目に見える完璧な結果を出せなければ、自分が役立たずの人間のように感じられた。私ってどうしてこれしかできないんだろう？　YouTubeももちろん例外ではなかった。他のYouTuberと自分をてんびんにかけたし、他のチャンネルと私たちをわざわざ比較する書き込みには、自分の心をズタズタにするこの習慣を作動させていた。ただ無視して流していたエイとは違って、私はとくにそういう書き込みにナーバスに反応し、以前からよく見ていた他のYouTuberたちの動画も意図的に見なくなった。

告白するが、ストレスが深刻だったときは、やたらと私たちに似た動画を推薦してくれるYouTubeの完璧で適切なアルゴリズムにイラつき、何度か「おすすめに表示しない」をクリックしたこともある。そうするいっぽうで、他の女性たちを純粋な気持ちで応援したり、一緒に楽しんだりできない自分自身が憎かった。ライバルにするべきは、その女性たちじゃないのに。私は「女敵女」をやっているんだろうか？　自分で自分を食いちぎるこのしがらみから抜け出せなかった。前はフェミニストとして一緒に熱狂していたコンテンツを、もはや純粋な受け手の気分で楽しむことができなくなって、私は少しずつこの世界から孤立していった。

私たちの動画も完璧でなければいけないと思った。念には念を入れ、自己検閲して、わずかな誤差や非難の余地もない、きちんと整った状態の言葉だけで配信をするべきだと。そしてそうした。完璧に推敲した台本で撮影をして、収録の最中にまぎれこんだ誤解の余地のありそうな冗談やなんかも「ひょっとしたら」と思えばすべて編集した。だが、そこまでしても、あらかじめ気がつけずに見過ごす部分がたまにあった。何気なく書いた単語が間違っていた、とかだ。そういうときは、必ずその部分を指摘するコメントが書きこまれ、すると私は、また自分を責めた。だんだんに余裕がなくなって、いつもなら「そう見ることもできるな」ですましていたはずのことにも、神経を尖らせた。

正直に打ち明けよう。私は、自分で自分を愛する方法を知っているつもりだった。でも、そうじゃなかった。がんばって愛する「ふり」をしていただけだった。「完璧な私」の像を作って、それに自分を合わせることが自分を愛する方法だと思っていたのだ。

私は完璧な人間じゃない。私だけでなく、世の中のどんな人も完璧じゃない。失敗もするし、間違った考え方をすることもあるし、それが当たり前だ。人生というのは、学んで発展していくプロセスじゃないか。私は、欠点のない教科書になることを自分に強要していた。そして、一つでも傷を見つけると憎んでムチを入れた。自分を待ってあげたり、自分自身に寛大になったりできないまま「お前はどうしてこれもできないの？」と言って、うまくできているところの代わりに、足りないところばかりに意識を集中させた。自分自身に寛大になれないのだから、他人のことを理解できないのは当然だった。

疲れている人は、食事をして、たっぷり休んでこそ周囲を見渡せるようになる。完璧主義と罪悪感のしがらみに悩んでいるうちに、ふとカウンセリングを受けてみようかと思いついた。小さい頃から抱き続けている心の荷物をどう下ろしたらいいか、自分一人では到底わからなかったからだ。今どきは、アプリでも簡単にカウンセラー情報をチェックして、カウンセリングを受けることができる。アプリにアップされた相談の口コミを、目を皿のようにして全部読み、自分に合いそうなカウンセラーを選ぶまでに1週間、相談日を決め、カウンセリングをスタートするまでに3日。約束の時間までドキドキして待ち、ついに電話での相談が始まった。カウンセラーの先生は、私に二つの方法を助言してくれた。自分の感情を認めることと、愛着関係を育てること。

私がまた誰かと比べて自分をけなそうとしたら、「やっぱり私にはこれしかできないんだ」と自己嫌悪に陥る代わりに、「私は劣等感を持ったんだな。もっとうまくやりたいんだな」と、自分の心を認めて、のぞきこんであげるのだ。不思議なことに、そうやって自分の感情を何度か認めているうちに、心が安らぐようになった。

人は誰しも、心の中に「内なる子ども」（inner child）がいるのだという。生を受けた子どもは、幼いときに養育者から十分に認められ、愛され、賞賛されなければいけない。そんなふうに、満たされるべき欲求を満たされなかった子どもは、成人してからも姿を消さずに、内面で残り続ける。愛着関係をきちんと形成できないまま。でも、体は大人になるし、社会的に期待されるのも大人の役目だから、通常はその子どもの姿が見えないように、抑え込んで生きている。ジョン・ブラッドショーが『傷ついた内面の子どもの治癒』[52]で「内面の子どもを治癒するということは、あなたの発達段階に戻って未解決の課題を終わらせる作業」と言っているように、その子どもをちゃんと見つめてケアしてこそ、次の段階の成熟した大人へと移行できる。私が私の母父になるのだ。

「自分の愛着関係を形成してあげられるのは自分だけですよ。一日に何度も、思い出すたびに、声を出して自分の名前を言いながら自分を抱きしめて『よくやったね、大変だったでしょ？あなたはそのままでも大切な人だよ』。大きな声で激励し、愛してあげてください。そうしたら耳が聞きとって、脳が認識して、自分の身体に命令を出すようになります。絶対に心の中でだけやってはダメですからね。電話を切ったら、大きな声で言われた通りにして、抱きしめてください。いいですね？」

カウンセラーからの意外な注文に、「ええっ？」と言って笑いながら電話を切った。それでも一度はやってみよう、真似してみようと、とりあえず自分の肩を両腕で抱いたが、自分で自分の名前を呼ぶのって、どうしてこんなに気まずいのか。「エス、よくやったね。大変だったでしょ？　君はそのままでも大切な人だよ」と、ハングルを習いたての人のように、その短い文章をきちんと言い終えるまで何度かトライしなければならなかった。成長物語の映画の台詞に出てきそうな陳腐な言葉なのに、世の中で一番難しく感じられた。

私は、こんな言葉を誰かにかけられたことがあるだろうか。もっといえば私自身も、自分をそんなふうには思っていなかったんだ。涙がこぼれた。そこでようやく、チェックを入れムチを打つばかりで、一番無条件に信じてあげるべき自分を、一度も激励していなかったことに気がついた！　自分のことを愛さなければと、そんなふうに言いながら。私は、自分がそうできているものだとばかり思っていた。もっとうまくやろうと、絶えず努力しているから。私は弱くないから。私はかっこいいし、有能な人間だから。私は、結局は成功するはずの自分を信じているから。そんなふうに、自分で自分を愛している証拠を並べてみると、反対に、かっこよくて有能でない私は、私にとって無意味な人のようだった。有能という前提条件のもとでだけ、私は役に立つ人間だった。砂の上に築いた、見た目だけはそれらしいお城だ。外身は完璧に見えても、ほんの少し触れただけでがらがらと崩れ落ちる。

52　邦訳『インナーチャイルド　本当のあなたを取り戻す方法』新里里春訳（ＮＨＫ出版）。

「エス、あなたはかっこよくなくても、有能でなくてもいいんだよ。今まで、大変だったでしょ？　よくやってるよ。私の脳、ちゃんと入力してる？　あんたは、そのままでも大切な人なんだって」

痩せれば自己肯定感が高まるはず、この言葉が間違いであることは誰でも知っている。でも、成功すれば自己肯定感が高まるはず、この言葉が間違いとはなぜわからないのだろう？　私たちは、「成功すればすべてが報われる」という言葉を当然の公式として、1ミリの疑いも持たずに信じきっている。当たり前のことだが、成功してお金を稼いで影響力を持つというのは、痩せてきれいになるより結果の面で千倍、1万倍はいいはずだ。ダイエットの有害性とは比べ物にならないほど。だが、それらが自己肯定感の前提条件になるとすれば、二つは本質的に違わない。

かつて私も、自己肯定感は成功体験からくると信じていた。なぜかというと、寝っ転がって「あ〜、就活したほうがいいんだよなー」と思っているときより、実際に起き上がって求人の一つでも探し、応募したときのほうが、気分が良かったからだ。能力で認められれば自信がわいたし、自分を価値のある人間だと感じられたから。だが、自分の存在価値について「前提条件」をつけるということは、それがクリアできなかった場合、自動的に叱責がついてくる、ということでもある。条件つきで自分の価値を認めることも、自虐の方法だ。最近では、「私ってどうしてこうなんだろう」の代わりに、「そういうこともある、失敗することもある」と考えようとしている。ミス続きで、自分がどうしようもない人間のように思えるとき、「次回もっとうまくやればいいよ」という気持ちで、自分を励まそうとしている。

自分自身と良い関係を結んだ人は、「あの人はああいうこともあるんだ、ああいう人なんだ」と、他人のことも簡単に理解して受容することができる。相手と自分と一致させずに、他の客体として見つめることは大事だ。世の中のすべての女性が自分と和解すれば、つまり、自分を憎まずに愛せたらと思う。そうしたら、隣で一緒に走る女性たちにも、愛情の手を伸ばせるはず。完璧は望まないけれど、互いに励まし合い、着実に前進する方向性を失わない、それが、女性たちが長く、ともに進む方法ではないだろうか。目を閉じるその日まで、完全に、着実に、私を愛してくれる人間なんて、私の他に誰がいるんだ!

ひたすら私のための信頼

エイ

YouTubeを開始した後、さかんにチャンネルを運営することも、今の生活を維持していくのもしんどいなあと思っていたときに、バーンアウトについての講演をしたことがある。私にはバーンアウトがない、と触れ回っていた頃だった。講演の準備をしながら、自らの精神的、身体的な健康状態やバーンアウトについて見つめ直すようになり、そのとき初めて、私は独自のやり方で、すでに何回かバーンアウトをやりすごしていたことがわかった。

私はバーンアウトしないのではなくて、バーンアウトさえ無視する人間だった。疲れきってつらい心、憂鬱、無気力といったダークな部分は自分にはないと、問答無用で否定していた。明るくて、朗らかで、楽しい人でいてこそ、周りの人がそばにいてくれると、頑なに思っていたせいだ。深いところで澱み、腐っていく心には背を向けて明るい「正常な状態」に戻るまでのあいだ、ますます忙しくスケジュールを埋め、人と会った。バタバタ人と会っているうちにエナジーがフルに充電されて、再び笑う力を取り戻した。それが私のヒーリング法、大変なときの克服法だった。

人の感情は、自分で感じられないからといって、ないわけではない。バーンアウトのバの字を見ただけでも大慌てで無視していた私が、講演では他人のためにバーンアウトを定義し、遠回しに自分の経験を語ってみた。否定的な感情を、自分の心へそれほど近づけたのは初めてのことだった。いつも無意識下にひそんでいたバーンアウトは、意識し始めるとあっという間に、その奥深くへと一気に私を引きずり込んだ。全然悲しくない映画で涙を流し、仕事帰りに夕焼けの空をじっと見つめては涙を流した。私の状態を一番そばで見守っていたエスに勧められて、病院でうつの検査をした。だが、まったく該当しない、もっと言えば治療が不要なくらいの正常値だった。専門機関がうつ病ではないと言っているのに、どうしてこんななんだろうと思いながら、そのしんどさが早く行き過ぎるのを願って、再び耐えるだけだった。

あれこれ悩んでいると、エスが、ソウル市で若者を対象に行っている相談プログラムを推薦してくれた。そのプログラムで、初めて精密検査とカウンセリングを受けることになった。カウンセリング前の検査でも、うつ病という所見は出なかった。ただ、あまりに多くの感情を抑えこんでいるとカウンセラーから指摘された。人間関係で傷ついた期間の記憶が丸ごと曖昧になっていたり、つらかったはずの異郷での生活を懐かしいとだけ思い出したりするのも、そうしなければ生きてこられなかったからだ。憂鬱に引きずりこまれるようなことを全部忘れてこそ、生きることができたのだろう、と言われた。

「どうやって耐えていたんでしょう。今まで、本当にギリギリのところで持ちこたえていたんですよ。よく耐えましたね」

カウンセラーの先生のその一言、かろうじて生き残ってきたと理解してくれる言葉に、自分でも驚くくらい心が揺さぶられた。まったく知らない人、それも、キャリア豊富な専門家が、自分でさえ見ないふりでいた私の苦しい姿に気づいてくれた。相談所の中でだけは明るく振舞わなくてもいいと思うと、妙な安堵さえ感じた。

私はこれまで、自分が抱く感情の理由を探ろうとしなかった。楽しいことはただ楽しみ、腹が立つことにはただ怒った。感情は絡み合って、結局、元がどんな感情だったかの形態さえわからない、一つのしこりとなって心の中に残り続けていた。カウンセリングは、そんなふうに自分をネグレクトするプロセスで生じたストレスや私の対応の仕方を、一つひとつ振り返るという形式で進んだ。

回を重ねれば重ねるほど、私たちが感じるすべての感情のその深淵に、ただもう自分だけが理解できる、自分だけの理由があることがわかった。本当に深い場所にしまいこんだエピソードは半分の半分も出さなかったけれど、自分がストレスにどう対応するのかを丁寧に観察し、誤った方法を正そうと努めた。支援での相談回数が終わっても自分の心のケアを続けていけるよう、短い期間のあいだに、さまざまな問いを自分に投げかけた。明らかにいい経験だった。

無条件に逃げる癖があった私には、そのすべてと向き合う勇気が必要だった。どんなやり方でもいいから、自分の精神を丈夫にする方法を見つけなければならなかった。私の場合、定期的に水泳に通ったことが、精神的なエネルギーの充電にとても役立った。自分の体の足の先から手の先まで、普段よく認識できていない横っ腹やお尻の筋肉の一つまで、大小さまざまな場所の隅々まで、すべてを自分が完璧にコントロールしているという感覚は、他の領域のものもうまくコントロールできるはず、という自信を呼び覚ました。フェミニズムを実践して生きること、女性の人権のために打ち込むことも大事だが、一人の女性である自分を、まずはケアしてあげなければいけない。

その険しい旅へ出発するときに必要なものは、ひたすらに自分への信頼のみ。外部から入ってくる刺激に反応しすぎ、ナーバスすぎ、と自分にムチを打たなくても、すでに私たちは世の中から絶えずムチを入れられている。自分だけは自分を抱きしめて、応援してあげて、そうしながら、再び起き上がることを信じて待ってあげなければ。

いつだったか、私がいなければこの宇宙だってないのと同じこと、という話を友達にして、自意識過剰じゃないかと言われたことがある。笑いとイヤミが入り混じった友達の言葉を、かな？と一緒に笑いとばしたが、私は今でも同じことを思っている。宇宙がどれほど熱心に回っていても、自分がいなければ結局は消えてしまう、私のために存在する世界だ。その舞台の中央に立つのはプレッシャーもあるし、緊張もするし、楽しいときもある。舞台がどれだけ長く続くかは誰にもわからないが、身心ともに健康な人として、自分の人生という一つの大きな演劇を、直接ひっぱっていきたい。

以前は本当につらかったが、あのときに苦労したから、今の余裕に満ちた自分がいると微笑んでいるはずの未来の私のため。自分の思考と行動の根源もわからずに感情と一緒に時間を過ごしている現在の私のため。初めての苦難にどう対応したらいいかわからず、さんざん泣いて、挫折をあじわっていた過去の私のため。他の誰より私だけは、私を無条件に信じなければならない。

NOW

私たちが夢見る未来

エイ

私は、未来について考えるのが好きではない。不確実なことについて悩んだり、訪れてもいないことを心配したりするのは無駄だと、強く考えているからだ。深い考察みたいなものは、それでなくても寂しい人生を余計キツくさせる危険要素のように感じられる。どんなにつらい時間を過ごしていても、とにかく今この瞬間を生きていかなければならないのだから、人間の実存に思いめぐらすよりは、今夜何を食べるか、今月のカード代をどうまかなうかを考えて、そんなふうにしているうちに、1日、1ケ月、1年があっという間に過ぎていった。このままいったら、何も成し遂げられないで、大勢のうちの誰かとして死ぬことになるのかもな、と、ふと思った。

前の世代があまりにたくさんのことを成し遂げてしまった時代。何か新しいことをしようという試み自体が、すでにたくさんの勇気を必要とする。これ以上新しいものはないと思えるときでさえ、さらに新しいものがあふれてくる。いまや人は、空飛ぶ車を作り、認知症の治療薬を開発し、思考するロボットまで作り出している。そんな社会の雰囲気に気後れして、何もできなさそうだなとばかり思って暮らしてきた私は、フェミニズムを通じて新たな自分と出会い、新たな友達と出会い、新たな道を見つめる目を持つようになった。

変化は、新たな自分を受け入れることから始まる。変化がゆるやかな人は、後れを取っていると自分のスピードにがっかりしないでほしい。フェミニズムはスピード争いではない。早く完成させることよりも、絶えず発展を続けることのほうが、難しいし重要だ。とにかく正しい道を進んでいれば、スピードは自分が出せる範囲内でぴったりのところに決まるはず。進む途中で確信が生まれたら、そのときにもっとスピードを出せばいいだろう。自分を一番よくわかっているのは、自分なのだから。

ただ、あきらめることはしないでほしい。これまで女性たちは、不便を口にすることで不平等な世界を変えてきたし、引き続きずっと口にし続けて、もっとたくさんのことを変えていくはずなのだ。あなたの年齢が高かろうが低かろうが、同じ言語だろうが別の言語だろうが、遠く地球の反対側のどこかにいようが関係ない。一度気づいた以上、後戻りはできない。この険しい道のりを共にする女性たちみんなを、私の人生のパートナーと呼びたい。

必ずしもすごい人になろうとして一生けんめい生きなくていい。名を残す素晴らしい業績がなくたって、歩んできた道に足跡を残して、自分はいち非婚主義者としてひるまず生きてきた、自分たちはこんなふうに激しく闘った、と刻む。その痕跡が、後から来る女性たちに「ひとりの人生」をよく生きる勇気を、少しでも分けられるのではないかと期待しながら、今日もひたすら、そんなふうによりよく生きてみようと思う。

私たちが夢見る未来。そこが、女性として生まれたという理由で、より多くのことを証明しなくてすむ場所であることを願っている。女性が完全に自分のありのままの姿で生きていても、後ろ指をさされない場所。すべての女性が、毎朝、楽な服とありのままの顔で一日を始め、同じスタイルを目標にして自分の身体を切り刻んだり締めつけたりする代わりに、自分の生活と人生に集中する社会。そこでは、これ以上女性が女性だという理由だけで、あらゆる暴力や不合理や搾取に苦しめられたり、不利な判決を受けたりしないことを願う。

夜道に怯えなくてすみ、玄関に二重三重に鍵をかけたり、ドアロックの指紋を定期的にアルコール綿で拭いたりしながら、それをひとり暮らしの「コツ」だと共有しなくていい、国家という屋根の下、同等な市民として保護されていると感じられる、安全で当たり前の社会であってほしい。

そんな未来を目指しながら、私はできるだけ自分の場所で、長く、持ちこたえるつもりだ。妹やショウガと一緒にほっこりした家族を作って、余裕のある暮らしをするつもりだ。そうして、旅に出たいときは荷づくりをしてふらりと旅に出るし、家に友達を招いてジントニック片手にボードゲームを楽しんだりもするだろう。天気が良い日は支度をしてキャンプに出掛け、経験してみたいことにためらわず挑戦し、できる限りの最善を自分に尽くすだろう。そんなふうに、自分を最優先にケアして大切にしたい。そして、自分だけは自分のすべてを受け入れてあげたい。

周りには、今と同様、志を同じくする女性がますます増えると思う。その女性たちに感謝しながら暮らしたい。自分と周囲の女性の愛情をたっぷり取り込んで育った私は、愛を与える方法を学び、他の女性たちに分けることもできるだろう。

そうして、私が今叫んでいる言葉が、これ以上そうする必要のないものになっていることを願う。その社会のために、今日も自分を愛して、周囲の女性を愛して、みんなが正しいと言うときにも、そうじゃないと疑問符を掲げられる勇気を育てる。映画『サフラジェット』（邦題『未来を花束にして』２０１７年公開）の台詞の一節を引用して、締めくくりたい。

We will win.

ホンサムピギョルが読んだ本

日本語で読めるもの

◆『ポルノグラフィ 女を所有する男たち』
アンドレア・ドウォーキン著、寺沢みづほ訳、青土社、1991

◆『男性支配の起源と歴史』
ゲルダ・ラーナー著、奥田暁子訳、三一書房、1996

◆『クロコダイル ワニみたいに潜む日常のハラスメントと性差別、そしてその対処法』
トマ・マチュー著、リボアル堀井なみの／
コザ・アリーン訳、かもがわ出版、2022

◆『ルポ貧困女子』飯島裕子著、岩波書店、2016

◆『バックラッシュ 逆襲される女たち』
スーザン・ファルーディ著、伊藤由紀子／加藤真樹子訳、新潮社、1994

◆『ヴァギナ』ナオミ・ウルフ著、桃井緑美子訳、青土社、2014

◆『脱コルセット:到来した想像』
イ・ミンギョン著、生田美保ほか訳、タバブックス、2022

未邦訳

◆『イガリアの娘たち』ガード・ブランテンバーグ著、黄金の枝、1996

◆『フェミニズム宣言 レッドストッキングスから男性皆殺し協会まで
手ごわい女たちの声』ハン・ウリ編訳、現実文化、2016

◆『鏡の前であまりに多くの時間を過ごしていた』
リニー・エンゲルン著、ウンジンチシクハウス、2017

◆『私もわからないから学ぶフェミニズム』
キッド著、ファンダムブックス、2018

◆『恋愛しない権利 ひとりでも完璧な幸せのための選択』
エリー著、カシオペア、2019

◆『脱コ日記』作家1著、ブックログカンパニー、2019

◆『画家たちはなぜ、ヴィーナスを横たえたのか?
私たちが「女神」称賛をやめなければならない理由』
イ・チュンヨル著、ハンピョム書店、2019

※これらの本すべてが、ホンサムピギョルの意見と一致しているわけではありません。

ホンサムピギョル

「非婚」をテーマに発信する、2019年結成の女性YouTuberコンビ。ロイター、ABC、ブルームバーグなど、複数の海外メディアに韓国の「非婚」ムーブメントを代表する人物として紹介された。YouTubeチャンネル名のホンサムピギョル（혼삶비결）には、「一人暮らしの秘訣」と「ひとりで歩む人生、どきやがれ、結婚主義者たち!」という二つの意味がかけられている。

◆YouTube@solodarity5021

◆Instagram@official_solodarity

エス

大邱出身。自由に生きたいと思い、小学生の頃から結婚はしないと決めていた。2016年の江南駅殺人事件をきっかけに、女性の人権について考えるようになった。三毛猫のショウガをかわいがっている。MBTIはINTP。

エイ

幼少期の女三人暮らしの苦労から「結婚主義者」に。しかし、2018年の「不便な勇気デモ」をきっかけにフェミニズムに関心を持つようになった。犬のピーナッツと暮らしている。MBTIはENFJで、エスとは正反対の性格である。

すんみ

訳者

翻訳家。早稲田大学文化構想学部卒業、同大学大学院文学研究科修士課程修了。訳書に『5番レーン』（鈴木出版）、『八重歯が見たい』（亜紀書房）、共訳書に『私たちにはことばが必要だ フェミニストは黙らない』、『脱コルセット:到来した想像』（ともにタバブックス）などがある。

小山内園子

韓日翻訳者。東北大学教育学部卒業。訳書に『四隣人の食卓』（書肆侃侃房）、『女の答えはピッチにある 女子サッカーが私に教えてくれたこと』、『大仏ホテルの幽霊』（ともに白水社）、『破果』（岩波書店）、共訳書に『彼女の名前は』、『私たちが記したもの』（ともに筑摩書房）などがある。

未婚じゃなくて、非婚です

2024年2月1日　第一刷発行

著者　ホンサムピギョル
訳者　すんみ・小山内園子
発行者　小柳学
発行所　株式会社左右社
〒151-0051
東京都渋谷区千駄ヶ谷3丁目55-12 ヴィラパルテノンB1
TEL 03-5786-6030
FAX 03-5786-6032
https://sayusha.com
印刷　創栄図書印刷株式会社

ISBN 978-4-86528-405-8

自分だけの世界を
たっぷりと描き、楽しみ、
作り出していく女性が
多くなってほしいのです。
そして、声を限りに叫んでください。
その声が、私たちにも届くほどに。

ひとりで歩む人生、
どきやがれ、
結婚主義者たち!